Fútbol
La toma de decisión aplicada a LA CONDUCCIÓN

Concepto y 50 tareas para su entrenamiento

Manuel Jesús Crespo García

Título: FÚTBOL: LA TOMA DE DECISIÓN APLICADA A LA CONDUCCIÓN. CONCEPTO Y 50 TAREAS PARA SU ENTRENAMIENTO
Autor: MANUEL JESÚS CRESPO GARCÍA
Corrección del texto: MANUELA CASTILLO SOLER

Editorial: WANCEULEN EDITORIAL
Sello Editorial: WANCEULEN EDITORIAL DEPORTIVA

ISBN (Papel / blanco y negro): 978-84-18486-98-2
ISBN (Papel / versión color): 978-84-18486-98-2
ISBN (Ebook / versión color): 978-84-18486-99-9

DEPÓSITO LEGAL: SE 2390-2020

Impreso en España. 2020

WANCEULEN S.L.
C/ Cristo del Desamparo y Abandono, 56 - 41006 Sevilla
Dirección web: www.wanceuleneditorial.com y www.wanceulen.com
Email: info@wanceuleneditorial.com

ÍNDICE

INTRODUCCIÓN

En la iniciación al mundo del entrenamiento es muy usual intentar encontrar una receta o una fórmula que resuelva nuestras necesidades y que cubra las posibles lagunas que tengamos en nuestro conocimiento o en nuestra capacidad.

La complejidad y diversidad del juego hacen que haya que tener un conocimiento del mismo para su enseñanza y para su aprendizaje en algunos casos.

Este libro con tareas no pretende ser una respuesta matemática a las necesidades que pueda tener un entrenador para encontrar soluciones a los problemas que se le planteen. La intención es poder manejar recursos, adaptarlos a nuestra realidad de entrenamientos y que puedan introducirnos y orientarnos a conseguir en el entrenamiento los objetivos pretendidos.

He reducido el uso de material para simplificar y poder llegar a cualquier nivel de recursos y que puedan ser llevadas a cabo en cualquier realidad, sin necesidad de unos materiales que dificulten su realización.

Existen distintos tipos de tareas para la mejora del dominio colectivo de cualquier medio que queramos que nuestro equipo maneje durante el desarrollo de los partidos. Atendiendo a la metodología empleada, la duración, los espacios, el número de jugadores... pueden variar para satisfacer nuestro modelo de juego.

A continuación, seleccionaré distintas tareas, desde las más simples a las de mayor complejidad, para poder trabajar la toma de decisión en la conducción de balón dentro de las tareas y que puedan formar parte de distintos modelos de juego ya que, atendiendo a las pretensiones de cada entrenador y a la metodología a emplear, cada uno debe introducirlas donde considere oportuno. Estas tareas carecen de un contexto y de una estrategia operativa, para los cuales necesitarán adaptación por parte del entrenador a todas las variables que crea que pueden tener incidencia en el desarrollo del juego de su equipo y a las características del mismo.

Castellano y Casamichana (2016) proponen este cuadro para la clasificación de las tareas según los metros cuadrados por jugador y de las demandas que serán exigidos los jugadores:

m^2 / jugador	1<2	3<4	5<7	8<10
<50	Fuerza		Recuperación	
<100				
<200	Frecuencia cardíaca		Velocidad	
>200				

En este libro se indicarán el número de jugadores y la división y distribución de los espacios. No obstante, para que la tarea se adapte a cada equipo, estado físico de los jugadores, modelo de juego y metodología, cada entrenador la deberá adaptar en cuanto a metros las distancias, los espacios e, incluso, en número de jugadores en algunos casos para tener un mejor desarrollo con su equipo.

Las tareas no tendrán límites de toques, contactos o golpeos para conseguir nuestro objetivo, ya que habrá jugadores que necesiten o decidan utilizar un número mayor por necesidades del juego, por condiciones técnicas o por condicionantes físicos de desarrollo. No obstante, al ser tareas abiertas, el entrenador podrá condicionarlas si lo cree necesario u oportuno para conseguir los beneficios pretendidos conociendo la realidad a la que las va a exponer.

LA **CONDUCCIÓN** EN FÚTBOL

La conducción es definida por Real Academia Española como *la acción o efecto de conducir.*

La conducción de balón es la acción técnica que consiste en transportar el balón de una zona a otra del campo utilizando diferentes partes que permite el reglamento, realizando toques sucesivos y manteniendo el control sobre el balón.

Dentro de las acciones técnicas del fútbol, la conducción es importante en cuanto a entender los momentos del juego en los que es favorable su ejecución para alcanzar los objetivos pretendidos.

La variedad de acciones posibles para realizar la conducción es muy extensa, pero la mayor parte de los autores coinciden en los siguientes tipos de conducciones teniendo en cuenta algunas variantes:

La conducción puede clasificarse según la superficie de contacto:

- Conducción con la parte interna del pie.
- Conducción con la parte externa del pie.
- Conducción con el empeine exterior e interior.
- Conducción con el empeine total.
- Conducción con la planta del pie.
- Conducción con el muslo
- Conducción con la cabeza.

No obstante, la conducción también puede ser catalogada según la trayectoria del balón:

- Puede ser lineal.
- Con giros.
- En zigzag.
- Curva.

Dependiendo de la presencia del oponente, puede ser:

- Dorsal.
- Lateral.
- Frontal.
- Sin oponentes.

Decir que la técnica es sólo una acción motriz carece de toda base práctica, ya que cualquier acción requiere un contexto para su ejecución y el jugador es una realidad indivisible. Se podría decir que la conducción es una acción psicomotriz que necesita intervenir de manera eficaz y eficiente en el juego.

Las intervenciones requieren una interpretación de lo que está sucediendo, pero no puede ser reflexiva. No existe tiempo para valorar. Si el jugador se para a reflexionar y a valorar perderá cualquier tipo de ventaja que pueda tener ante una situación. Los entrenadores tenemos que darles herramientas para que su ejecución sea eficaz y para que el jugador sea eficiente. Digo eficaz porque las conducciones son válidas de igual manera, con la punta del pie que con el borde interno del mismo, siempre que transporten el balón de manera reglamentaria.

El jugador tiene que estar en condiciones óptimas para competir y poder rendir durante los partidos. Si un jugador falla una conducción en un partido no solo tiene que ocurrir porque sea malo técnicamente o porque no lo haya ejecutado bien; puede ser porque se puso nervioso ante la presión del rival y se precipitó, porque eligió conducir y tenía a un compañero en una situación más favorable para pasarle el balón, porque el rival se anticipó a su acción...

Parar a los dos equipos en una simulación de la acción en la que se le explique al jugador en cuestión cómo, dónde y con qué superficie tenía que haber ejecutado la conducción se considera una pérdida de tiempo y de energías que no producirá ninguna mejora en el jugador ni en el equipo. Hay que darle un *feedback* rápido y conciso y seguir con lo siguiente. Igualmente, después de esto, poner a un jugador enfrente de otro y hacer un alto número de repeticiones de la conducción para la corrección de lo sucedido buscando una mejora del juego colectivo sigue siendo poco útil. Las situaciones rutinarias se olvidan.

Se aprende a conducir equivocándonos, conduciendo, y conduciendo una y otra vez en distintas situaciones, lo importante no es que la conducción esté bien ejecutada en cuanto a unos patrones de ejecución del gesto técnico (que es lo que queríamos), lo importante es que, cuando falle, lo recupere pronto o cómo nosotros le pedimos que lo recupere para poder tener otra posibilidad de conducir y conseguir llevar el balón a donde queríamos (o no perderlo) que es el objetivo, por ejemplo.

Entonces, tenemos que preparar al jugador para que sea capaz de resolver todas las acciones del juego, porque a lo mejor lo que estuvo mal ("con el periódico del lunes") no es la conducción, sino que no debió conducir para seguir manteniendo el balón y pasar al compañero, creyó que debía conducir a un lugar y no era el más adecuado para hacerlo... Con lo cual, tenemos que preparar a los jugadores para que sean capaces de resolver las situaciones de juego.

La tendencia para corregir un error es aislarlo y trabajarlo de manera aislada para la mejora del rendimiento, pero la experiencia y el entendimiento del juego como una realidad única indisoluble hace pensar que nos acerca más al error porque no produce una mejora en el juego colectivo, sino una mejora de una acción aislada, que nunca más se volverá a repetir durante la vida deportiva del jugador en idénticas circunstancias.

En la búsqueda de la perfección de los modelos de juego, los entrenadores tendemos a desmenuzar el juego con principios, subprincipios, subsubprincipios... que nos hacen explicar cómo juega nuestro equipo y esto hace que en muchas ocasiones nuestros entrenamientos se pierdan en la mejora de factores técnicos aislados que pensamos que son los que hacen errar a los jugadores aunque puede ser, por poner un ejemplo, que nuestro modelo de juego les esté pidiendo a nuestros jugadores cualidades técnicas que no les pertenecen, que no son las que les hacen mostrar su talento o que la decisión no haya sido la adecuada.

En etapas de formación nos gusta enseñarles a los jóvenes futbolistas cómo son los distintos golpeos para la ejecución de la conducción y hacer esa demostración *"que saca a relucir esa calidad técnica que tenemos todos los entrenadores, muy superior a la de nuestros jóvenes aprendices".*

El futbolista bueno que todos queremos tener en nuestro equipo es el que sabe cuándo tiene que conducir en vez de pasar, el que conduce "bien" el balón y no lo pierde, el que interpreta la acción de un compañero, el que se anticipa al juego del contrario..., en definitiva, el que toma bien las decisiones sobre el terreno de juego.

Es igual de válida una conducción con el interior del pie que con la planta del mismo siempre y cuando se haga de manera reglamentaria, lleve el balón donde lo quiera llevar y no lo pierda. Puede no ser igual de estético según los patrones motrices de la conducción, pero si el futbolista puede ejecutarlo con destreza y consigue su objetivo de manera habitual... ¿por qué no?

Cuando entrenamos o preparamos a nuestros equipos tenemos que diseñar nuestras sesiones de entrenamiento. Hoy en día se hacen multitud de tareas intentando "perturbar" la decisión para condicionar al jugador en su toma de decisión; se utilizan varias "estrategias" como cambiarle el color en el último momento que le indica dónde tiene que conducir, decirle un número para que tenga que desplazarse hacia un lugar, tocar el silbato y finalizar la jugada... He llegado a ver a un entrenador de porteros que trabaja con fuego para nublar la visión del portero y que los hace saltar de un tren. Y yo me pregunto por qué en un "juego" como el fútbol, en el que intervienen tantos factores, que queremos que el jugador domine y sepa interpretar en cada momento, los estímulos que utilizamos para que el jugador ejecute no tienen nada que ver con el juego.

La visión periférica es importante, pero saber poner el foco en lo relevante es clave para la correcta toma de decisión. Existe un gran número de trabajos aplicados desde el área física, en su mayor parte, que utilizan estas teorías y estos artículos científicos sobre el aprendizaje en los entrenamientos, pero muy alejados del juego.

En todas las facetas del entrenamiento se intentan copiar procedimientos de otros deportes que a lo mejor están más avanzados o tienen un mayor grado de estudio y demuestran transferencia. Las situaciones no se repiten nunca en el juego, no hay dos pases iguales en un partido, no hay dos tiros iguales en un partido, no hay dos ataques iguales en un partido... Entonces, si estamos de acuerdo en esto, ¿no sería mejor preparar a nuestro equipo para que sepa reaccionar mejor ante las situaciones que se dan en el juego y ante estímulos que tengan que ver con este y no con colores, números, palmadas, pitido del silbato...? Existen dudas de que en un entrenamiento el hecho de que un jugador "vea el rojo y conduzca hacia donde está el color rojo", tenga algo que ver con el juego, con su preparación y con su mejora como futbolista. Mejorará capacidades del individuo, pero no se entiende que mejore como jugador de fútbol. Es como si pensáramos que a un atleta de 50 metros lisos le va a producir una mejora de su rendimiento en la competición sentarse en el lugar rojo antes que otro atleta después de ver ese color.

Además de esto, nos encontramos con una variable más que, en nuestro intento por "perturbar" el juego al jugador, nos lleva a querer inventar, hasta el punto de que no somos conscientes de que estamos "desentrenando" a nuestros jugadores. ¿Qué pasa en un partido cuando suena un silbato? Pues que se pone en juego el balón o que se tiene que detener el juego. Y si nosotros usamos el silbato para cambiar de zona de juego, para tirar a portería, para pasar el balón... estamos utilizando un estímulo que el jugador tiene que identificar durante el partido para sacar rápido, pararse... para algo que no le va a ser útil después e, incluso, puede crearle alguna confusión en edades tempranas.

Con esto no quiero decir que no se hagan juegos de activación, que no se hagan este tipo de tareas que nos pueden servir para entretener a los jugadores o como dinámicas de equipo o para otro tipo de mejoras, sólo expreso que, si queremos entrenar fútbol y sacar mayor rendimiento a los entrenamientos, los que no disponemos de muchas horas para poder entrenar a nuestros equipos tenemos que intentar que nuestras tareas tengan la mayor transferencia al juego posible.

Siempre será mejor trabajar para que nuestro equipo en una tarea pase a atacar cuando pierda el balón el equipo contrario, pase cuando haya un movimiento de desmarque del compañero, presione cuando el equipo contrario llegue a una zona, conduzca cuando sea la mejor opción... y conseguiremos mayor transferencia al juego o a nuestro juego, según el equipo donde estemos, la edad o capacidad de los jugadores que entrenemos y el modelo de juego que queramos desarrollar con nuestro equipo. Ayudaremos al jugador a comprender el juego.

Se podría argumentar que estos estímulos intentan "molestar" al jugador para entrenar la capacidad de enfocarse en lo que está haciendo. Estímulos que nunca se va a encontrar en un partido y respuestas, en algunos casos, que nunca se van a dar en un partido.

¿Y si lo ponemos a conducir hacia la portería contraria ante la presión de un rival para tirar? El jugador tendrá que identificar el estímulo al que tiene que reaccionar (conducir alejando el balón del rival identificando el mejor momento para tirar) y aprovechar la ventaja de tener el balón en posesión. Y si, además, el jugador tiene la opción de tirar o encontrar a un compañero en mejor situación de conducir y, si falla, tendrá la posibilidad de recuperar el balón... podremos aumentar la carga cognitiva de lo que estamos entrenando, utilizando elementos del juego. Estímulos ante los que tendrá que reaccionar y dar una respuesta o descartar.

De esta manera, conseguiríamos contextualizar las acciones, hasta el punto de que consideremos necesario y se atienda al nivel de los jugadores a los que vayamos a exponer las tareas. Controlando y adaptando las cargas cognitivas.

Hay que intentar como entrenadores que el entrenamiento sea un medio facilitador del aprendizaje.

Nuestro objetivo como entrenadores es ayudar a nuestros jugadores en su proceso de aprendizaje, bien sea en formación o en alto rendimiento, compitiendo. Durante un partido de fútbol, por mucho que intentemos que la competición sea lo más sana y educativa posible en su iniciación, se compite con un rival para ganarle, porque es inherente al juego mismo. Los estímulos y las respuestas tienen que estar encaminados al aprendizaje del jugador y tienen que tener estrecha relación con lo que puede pasar en un partido para que el aprendizaje sea significativo, bien porque la situación requiera siempre la misma respuesta (por ejemplo, conducir) y que la decisión sea cómo conducir (rápido o lento, en una dirección u otra, con una super-ficie u otra,...) o bien una situación en la que haya muchas respuestas (tirar, pasar, conducir, regatear,...) y muchas posibles decisiones dentro de esa respuesta (puede haber infinitas en la ejecución).

Para ello, la complejidad de la tarea irá estrechamente relacionada con la capacidad de aprendizaje y el desarrollo de las capacidades del jugador o del equipo.

Las tareas más analíticas en el aprendizaje, para la mejora de los gestos técnicos como tales, deben llevar una toma de decisión para su eficiencia, ya que enseñar los gestos técnicos disociados de todas las variables del juego preparan al jugador para tener destreza en un golpeo o acción determinada, a una distancia determinada, aplicando la misma fuerza y sin ninguna toma de decisión y los jugadores están constantemente tomando decisiones en un partido por la realidad cambiante del juego. Por ejemplo, una conducción desde un punto a otro es una tarea o ejercicio que sólo le producirá al jugador una mejora de la conducción a esa distancia precisa y el aprendizaje carecerá de mejora cognitiva alguna. Mientras que esa conducción, si el punto de destino va variando según donde estén los rivales, modificando desde donde parte o desde donde viene el balón, con la posibilidad de que un compañero pueda apoyarnos para llevar el balón, cambiando el lugar desde dónde los rivales intentan obstruir la conducción,... o cualquier otra variable que haga que la repuesta sea siempre la misma (que consistirá en conducir), la decisión de la ejecución será distinta y el proceso de aprendizaje llevará una carga cognitiva mayor y esto repercute directamente en la mejora del jugador en cuanto a sus respuestas en el juego.

Los condicionantes espaciotemporales, humanos y reglados de las tareas tendrán estrecha relación con el juego; no puede ser un condicionante para el jugador no poder elevar el balón del suelo, el condicionante debe tener relación con el juego, por ejemplo, poner un rival entre él y el lugar dónde llevar el balón e ir adaptando los espacios y número de jugadores al proceso de aprendizaje y al jugador o los jugadores.

En las siguientes tareas los estímulos e indicadores para conducir serán los propios del juego para identificarlos en cada momento.

Realizar un pase, tirar, conducir o cambiar de zona después de un estímulo auditivo (voz del entrenador, silbato...) o cualquier otro que no tenga nada que ver con lo que pueda pasar en un partido (mostrar un color, aviso del entrenador o de un compañero,...) nos ayudarán a realizar las tareas, pero no a utilizar con la destreza específica la conducción y a desarrollar el aprendizaje en el jugador; con lo cual, los estímulos, indicadores o recursos utilizados tendrán transferencia al juego y podrán ser adaptados por el entrenador atendiendo a la realidad a la que los vaya a exponer.

SIMBOLOGÍA

Jugadores Equipo A	
Jugadores Equipo B	
Jugadores Equipo C	
Desplazamiento sin balón	
Desplazamiento del balón	
Conducción del balón	
Desplazamiento del balón por alto	
Tiro a puerta	
Balón	

LA TOMA DE DECISIÓN APLICADA A LA CONDUCCIÓN EN FÚTBOL

50

TAREAS PARA SU ENTRENAMIENTO

Tarea N° 1	Objetivo Principal	Mejora de la conducción
	Jugadores	2
	Explicación	

Los jugadores se dirigen al cono del centro y el jugador con balón tendrá que ir al lado (cono) contrario del que vaya el jugador sin balón.

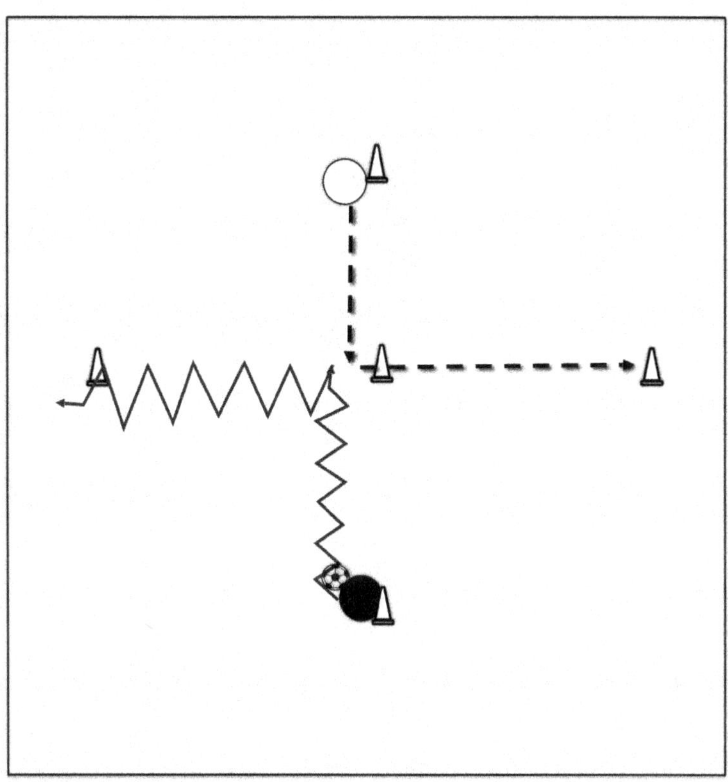

Tarea Nº 2	Objetivo Principal	Mejora de la conducción
	Jugadores	2

Explicación

Los jugadores de dirigen al cono del centro y el que llegue primero va hacia un lado y el otro hacia el otro. No pueden ir los dos hacia el mismo lado.

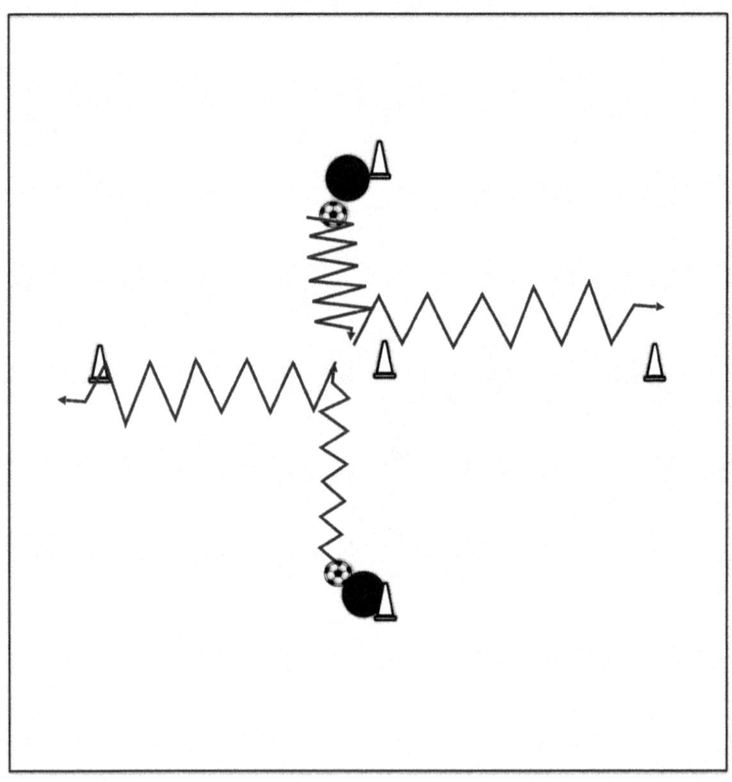

Tarea N° 3	Objetivo Principal	Mejora de la conducción
	Jugadores	4
Explicación		

Los jugadores de dirigen al cono del centro cada uno con su balón y se tienen que dirigir cada uno a un cono que no estuviera ocupado antes de salir hacia el centro.

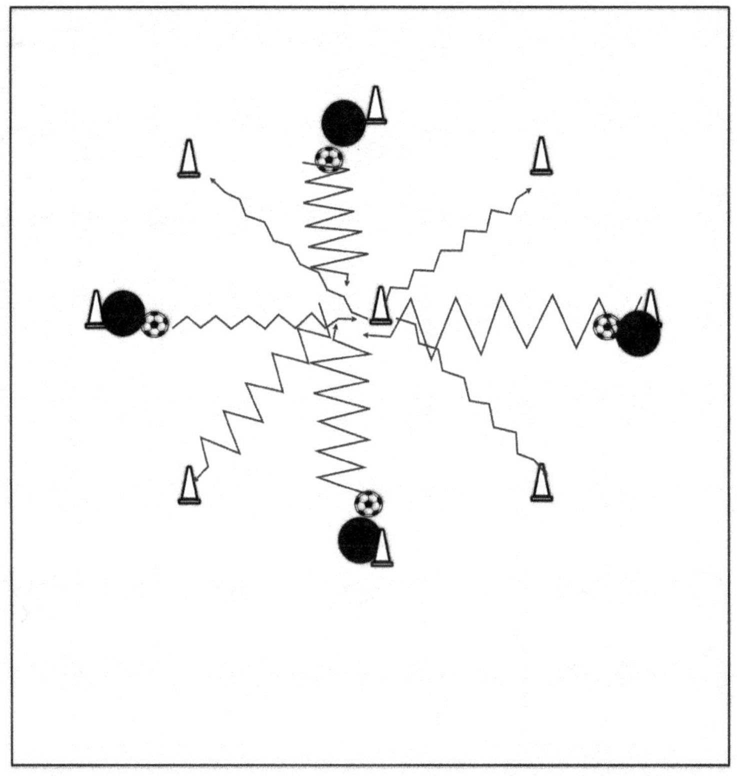

Tarea N° 4	Objetivo Principal	Mejora de la conducción
	Jugadores	3
Explicación		

Los jugadores conducen por los pasillos y no pueden coincidir con otro jugador dentro del mismo cuadrado.

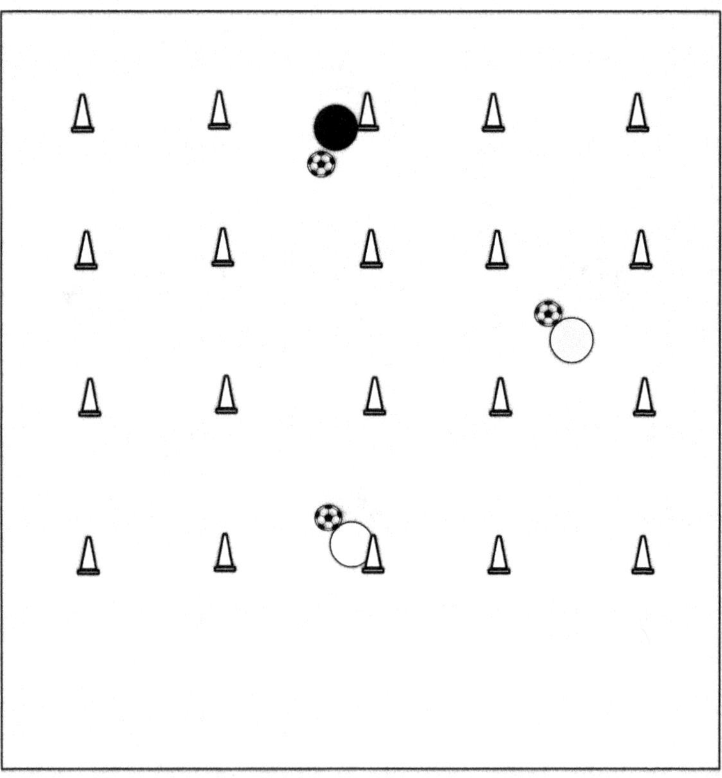

Tarea N° 5	Objetivo Principal	Mejora de la conducción
	Jugadores	12
Explicación		

En la disposición de la imagen, 10 jugadores conducen el balón dentro del cuadrado esquivando a los otros jugadores y habrá dos jugadores sacando los balones de los jugadores del cuadrado. Cuando a un jugador le saque el balón del cuadrado, tendrá que ir por el y volver a meterse dentro conduciendo.

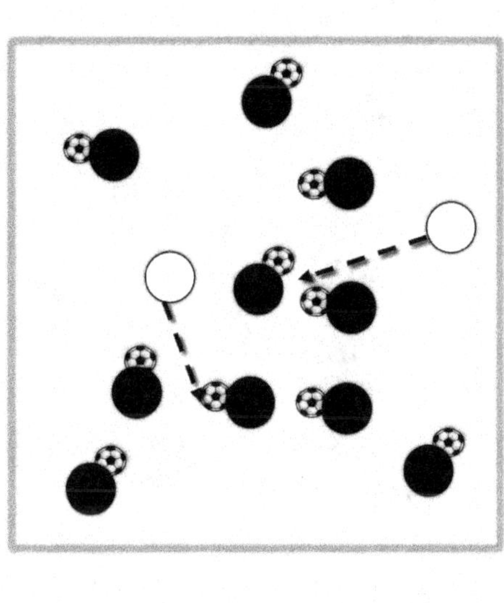

Tarea N° 6	Objetivo Principal	Mejora de la conducción
	Jugadores	12
Explicación		

En la disposición de la imagen, 10 jugadores conducen el balón dentro del cuadrado esquivando a los otros jugadores y habrá dos jugadores robando balón. Al jugador que le roben, cambiará el rol y pasará a robar y el que robó a conducir.

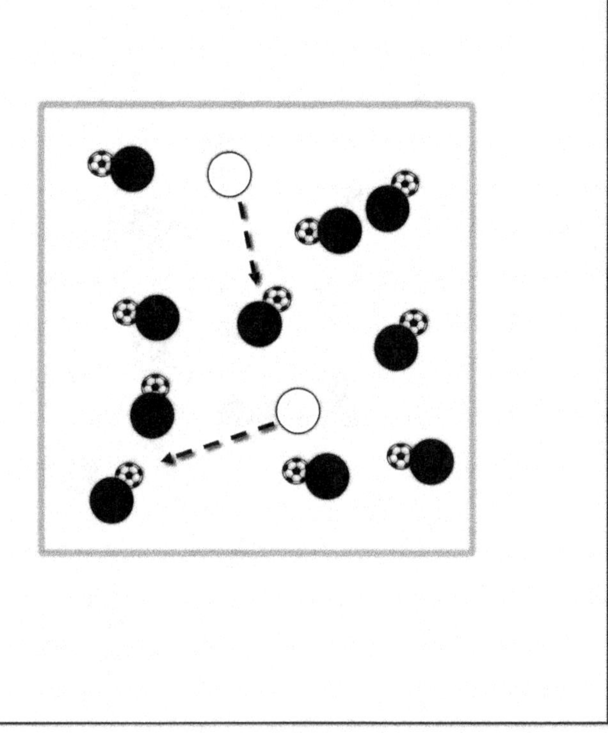

Tarea N° 7	Objetivo Principal	Mejora de la conducción
	jugadores	5
Explicación		

Un jugador en el cuadrado y los otros cuatro jugadores situados como en la imagen. Los jugadores intentarán atravesar de uno en uno el cuadrado de lado a lado y el jugador de dentro tendrá que intentar anticipar la conducción para que no puedan atravesar.

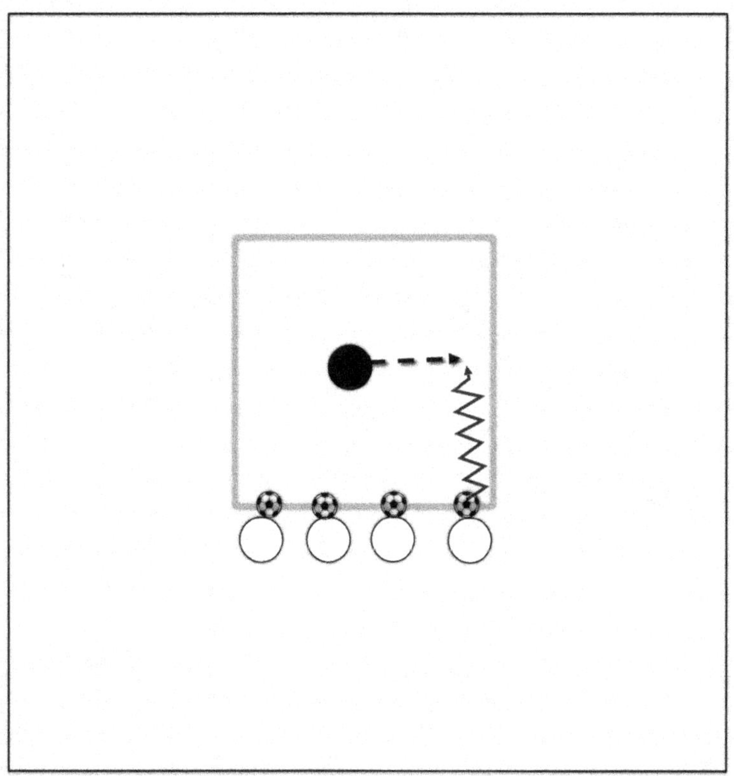

Tarea N° 8	Objetivo Principal	Mejora de la conducción
	Jugadores	8

Explicación

Los jugadores que tienen balón tienen que atravesar hasta la zona del fondo, los que no tienen presionarán para robar cuando pasen al centro. Al jugador que le roben el balón podrá presionar a otro cuando se lo quiten si no llegó a la zona del fondo para robarle el balón y dificultar la conducción.

Tarea N° 9	Objetivo Principal	Mejora de la conducción
	Jugadores	8
Explicación		

Los jugadores que tienen balón tienen que atravesar conduciendo hasta la zona del fondo, los que no tienen esperarán en la línea del centro para robar. Al jugador que le roben el balón podrá presionar a otro si no llegó conduciendo a la zona del fondo para robarle el balón.

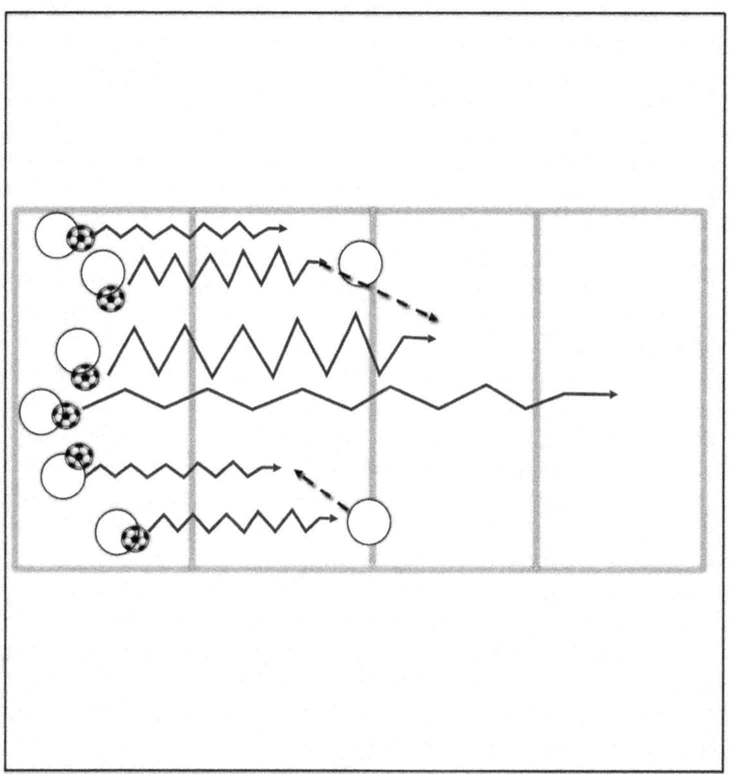

Tarea N° 10	Objetivo Principal	Mejora de la conducción
	Jugadores	2 (1xP)
Explicación		

El portero en el punto de penalti, pasa el balón al jugador y se dirige a uno de los postes. El jugador que se adelanta al cono o silueta debe conducir el balón hacia la portería para hacer gol.

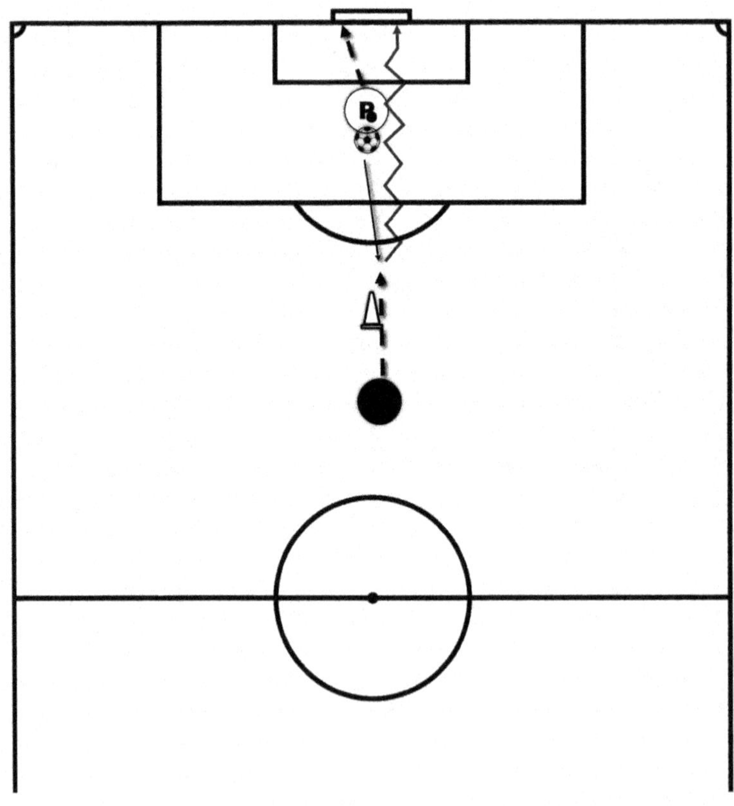

Tarea Nº 11	Objetivo Principal	Mejora de la conducción
	Jugadores	2 (1xP)
Explicación		

El portero en el punto de penalti, pasa el balón al jugador y puede retroceder a la portería o salir a acortar los espacios al jugador que recibe. El jugador que se adelanta al cono o silueta debe conducir hacia la portería para hacer gol eludiendo al portero.

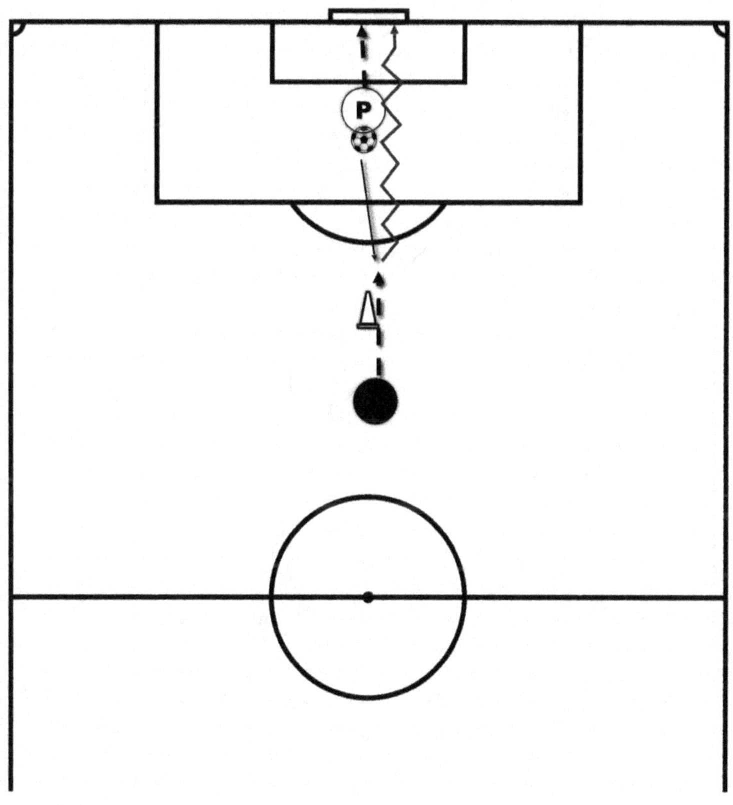

Tarea N° 12	Objetivo Principal	Mejora de la conducción
	Jugadores	3 (1x1+P)
Explicación		

El portero en el punto de penalti, pasa el balón al jugador y se dirige a uno de los postes. El jugador que se adelanta al rival (que no podrá salir a presionarle hasta que lo vea) conducirá hacia portería para hacer gol eludiendo al portero.

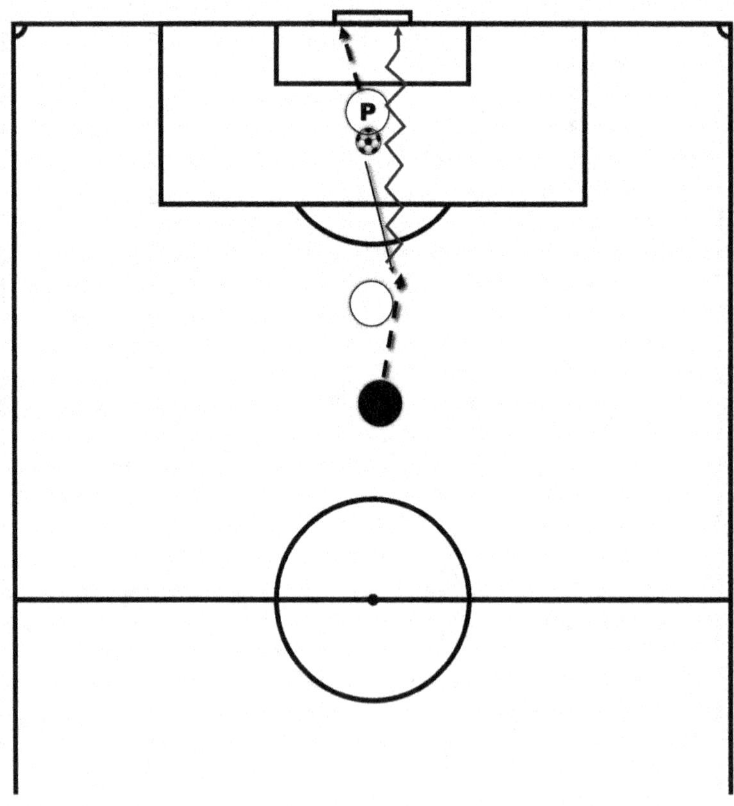

Tarea N° 13	Objetivo Principal	Mejora de la conducción
	Jugadores	5
	Explicación	

Los jugadores distribuidos como en la imagen. Cuando salga conduciendo el jugador con balón uno de los rivales de manera aleatoria intentará evitar que se acerque a portería para hacer gol.

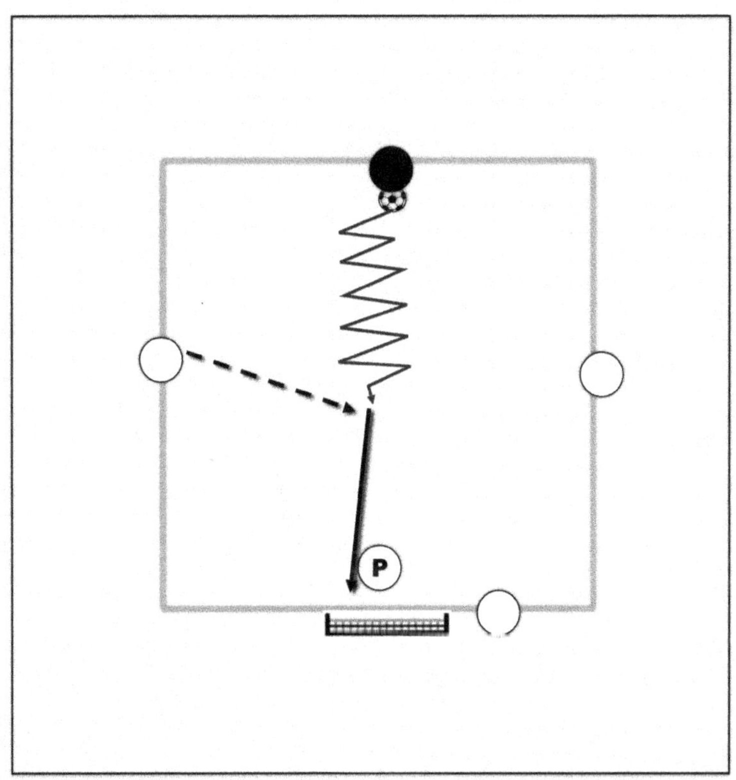

Tarea N° 14	Objetivo Principal	Mejora de la conducción
	Jugadores	5

Explicación

Los jugadores distribuidos como en la imagen. Cuando salga conduciendo el jugador con balón un jugador del equipo blanco irá a presionar la conducción y otros retrocederán para interceptarlo cambiando en cada acción de manera aleatoria y evitar que se acerque a portería para hacer gol

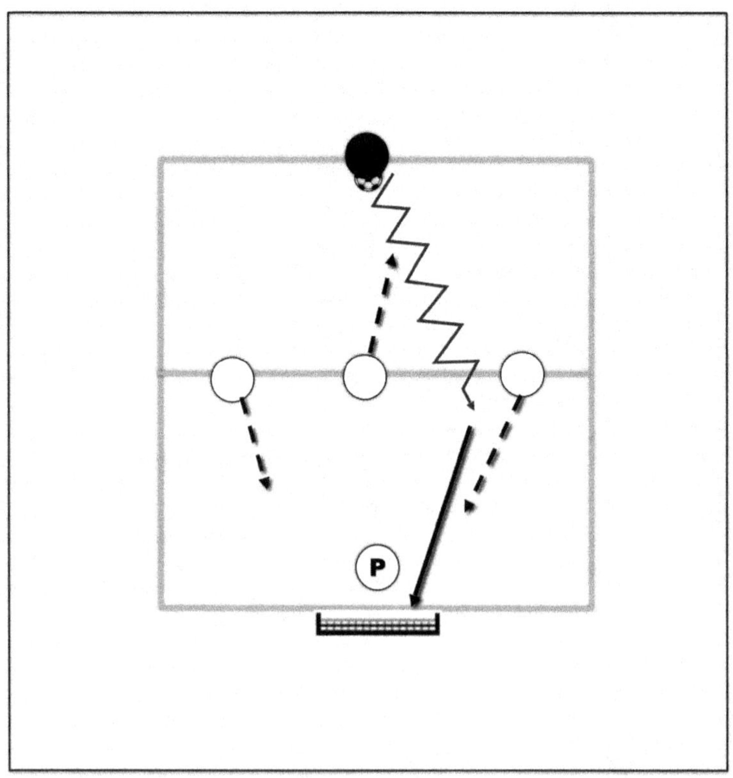

Tarea N° 15	Objetivo Principal	Mejora de la conducción
	Jugadores	5

Explicación

Los jugadores distribuidos como en la imagen. Cuando salga conduciendo un jugador con balón para tirar a portería, los jugadores del equipo blanco desplazándose sobre las líneas intentaran obstaculizar la conducción para que no pueda acercarse a la portería.

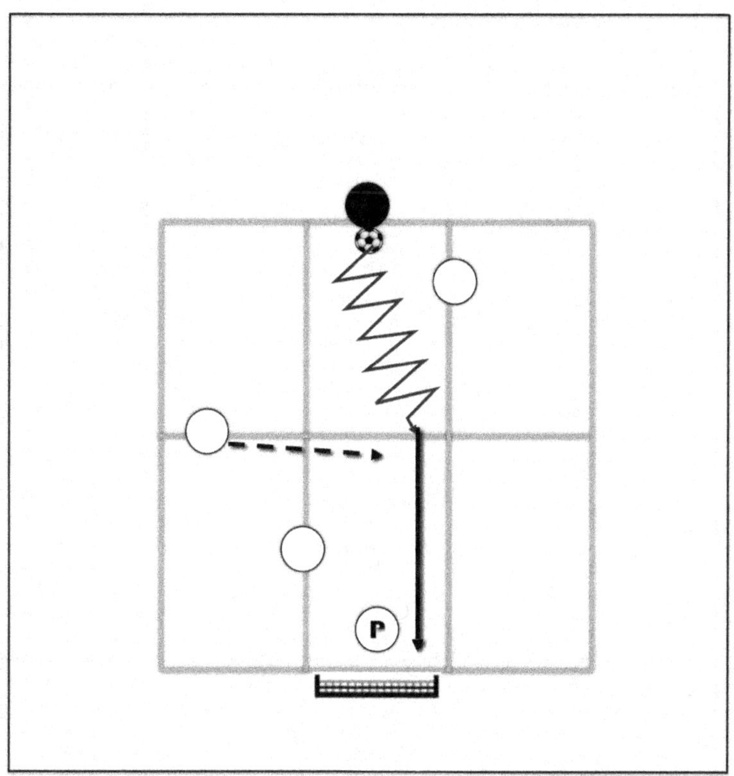

Tarea N° 16	Objetivo Principal	Mejora de la conducción
	Jugadores	3
Explicación		

Los jugadores mirando hacia la portería. El jugador con balón (negro) conducirá hacia la portería y el jugador del equipo blanco irá a presionarle para obstaculizar la conducción y evitar que se acerque a la portería para tirar cuando lo vea.

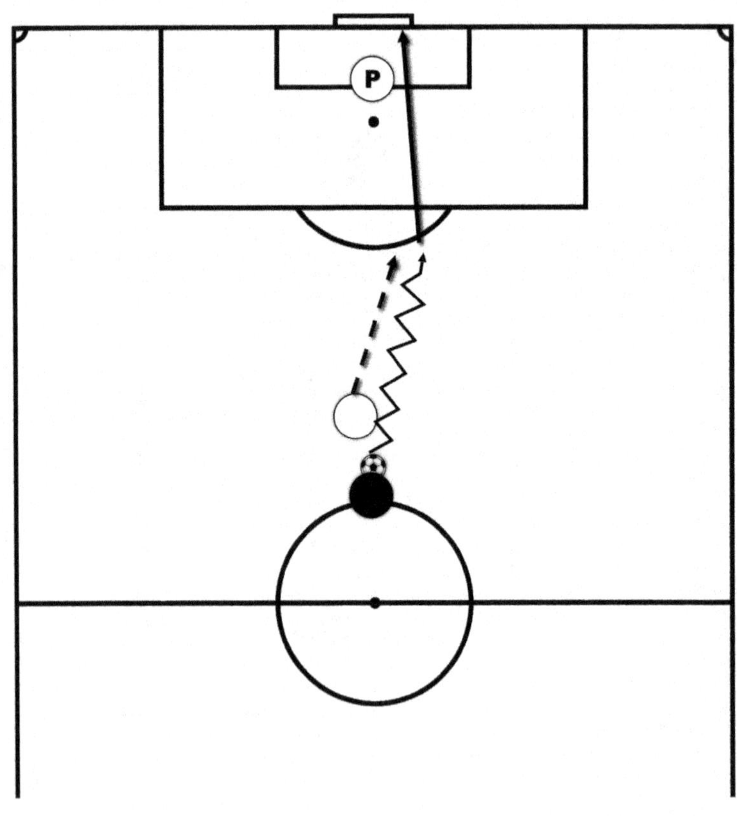

Tarea N° 17	Objetivo Principal	Mejora de la conducción
	Jugadores	4
Explicación		

El jugador con balón conducirá hacia la portería y uno de los jugadores, de manera aleatoria irá a presionarle para obstaculizar la conducción y evitar que se acerque a la portería para tirar.

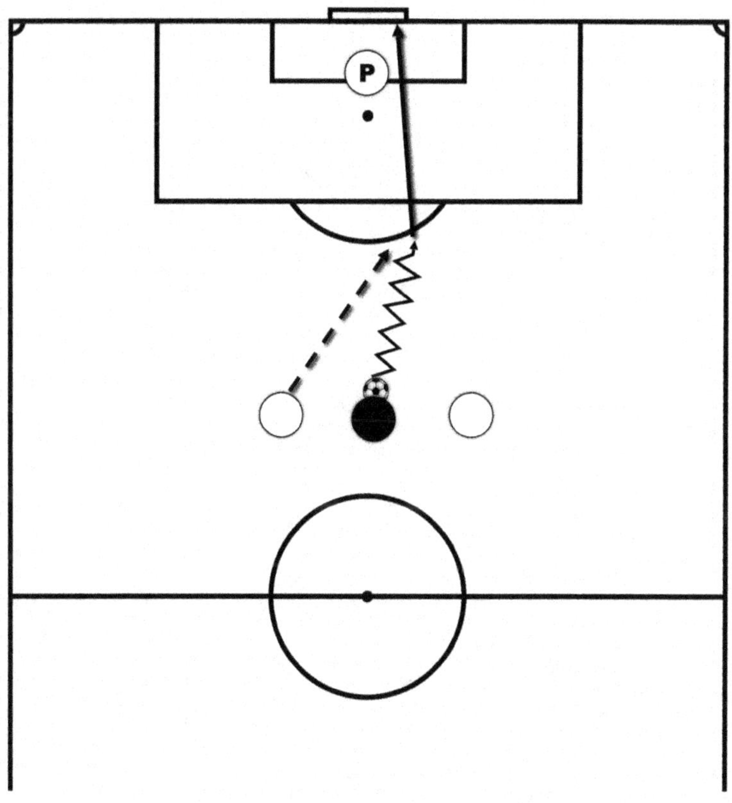

Tarea N° 18	Objetivo Principal	Mejora de la conducción
	Jugadores	5
Explicación		

El jugador con balón conducirá hacia la portería y dos de los jugadores, de manera aleatoria irán a presionarle para obstaculizar la conducción y evitar el tiro a portería.

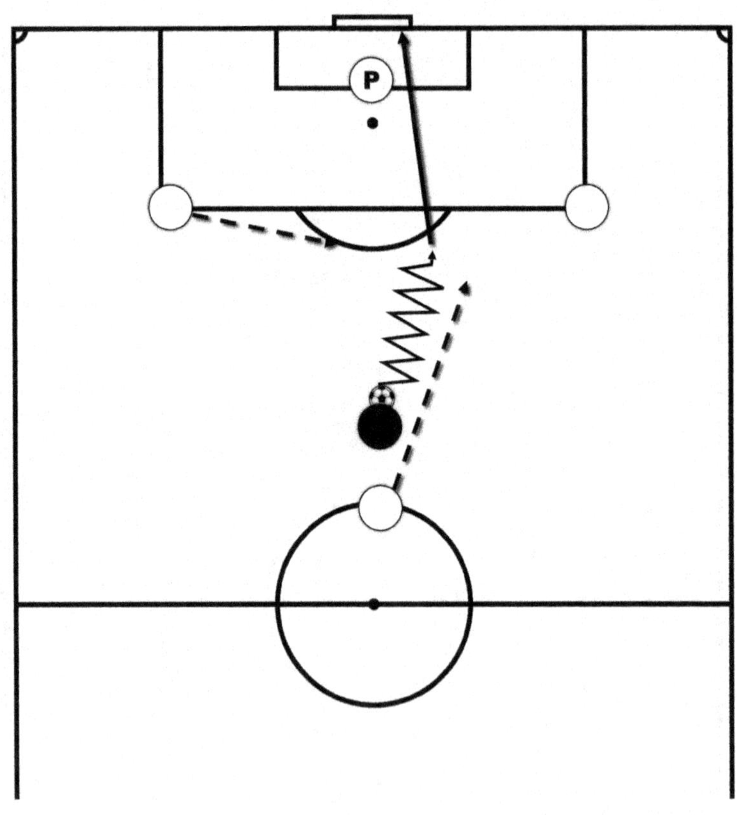

Tarea N° 19	Objetivo Principal	Mejora de la conducción
	Jugadores	6
Explicación		

El jugador con balón conducirá hacia la portería y dos de los jugadores de manera aleatoria irán a presionarle para obstaculizar la conducción y evitar el tiro a portería.

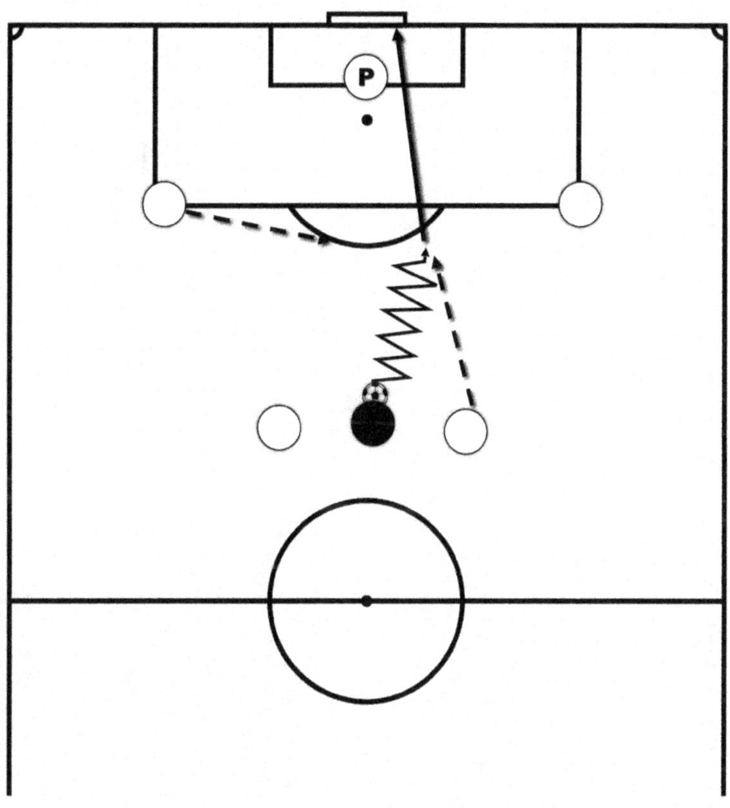

Tarea N° 20	Objetivo Principal	Mejora de la conducción
	Jugadores	7

Explicación

El jugador con balón conducirá hacia la portería y uno de los jugadores rivales que están con un jugador negro irá a evitar el tiro, liberando al compañero marcado. El jugador de atrás irá a marcar al jugador liberado. El jugador que conduce intentará tomar la mejor solución para finalizar el ataque.

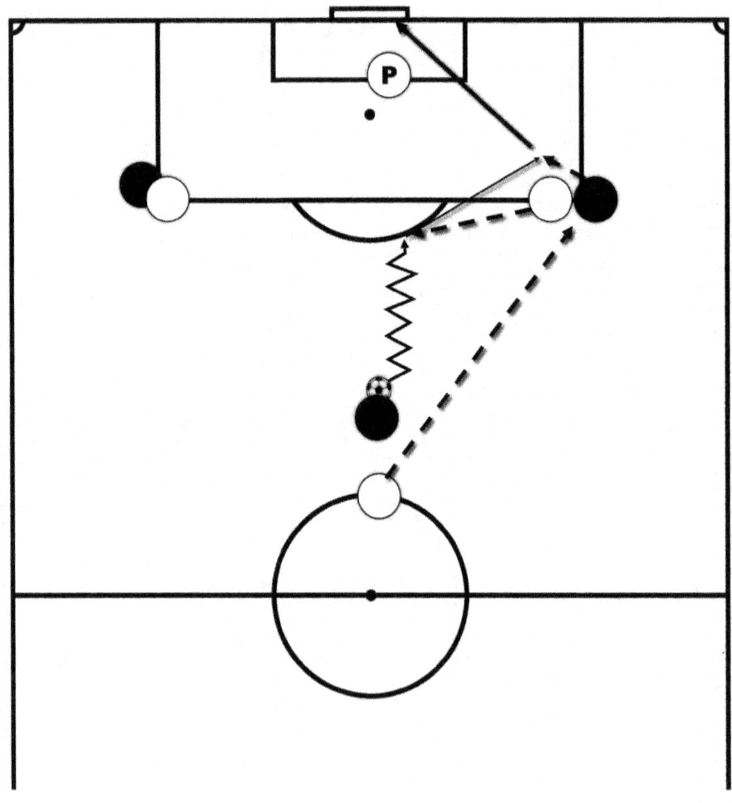

Tarea N° 21	Objetivo Principal	Mejora de la conducción
	Jugadores	3 (1x1+P)
	Explicación	

Dos jugadores se pasan el balón y cuando uno decide sacar el balón conduciendo del cuadrado para tirar a portería el otro va a presionarle para intentar evitar que se acerque a la portería y obstaculizar el tiro.

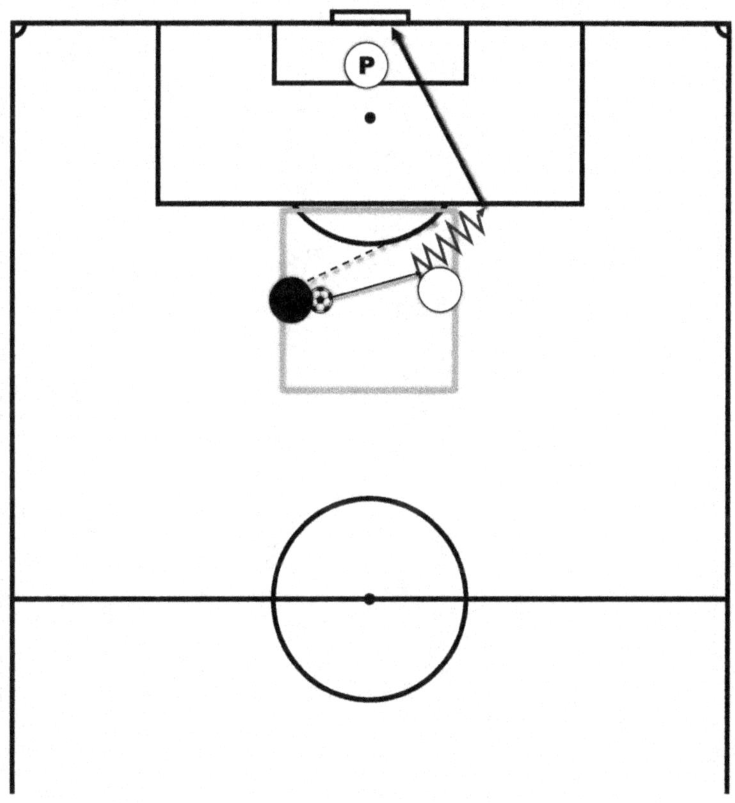

Tarea N° 22	Objetivo Principal	Mejora de la conducción
	Jugadores	5 (2x2+P)
Explicación		

Dos jugadores del equipo negro se pasan el balón sin que caiga al suelo entre ellos dentro de un cuadrado, una pareja de otro equipo (blanco) entra en el cuadrado a presionar, roba el balón y tiene que sacar el balón conduciendo del cuadrado para tirar a portería con la presión de los que perdieron.

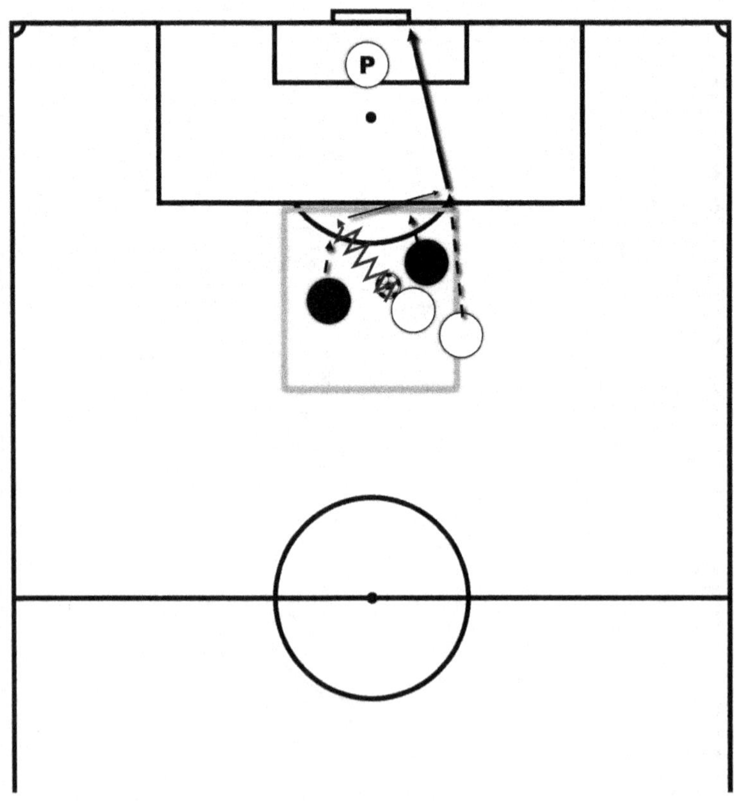

Tarea	Objetivo Principal	Mejora de la conducción
N° 23	Jugadores	3
	Explicación	

Los jugadores se pasan el balón y cuando el jugador del equipo negro decida salir de su cuadrado conduciendo para tirar el otro irá a presionar para evitar que se acerque a portería.

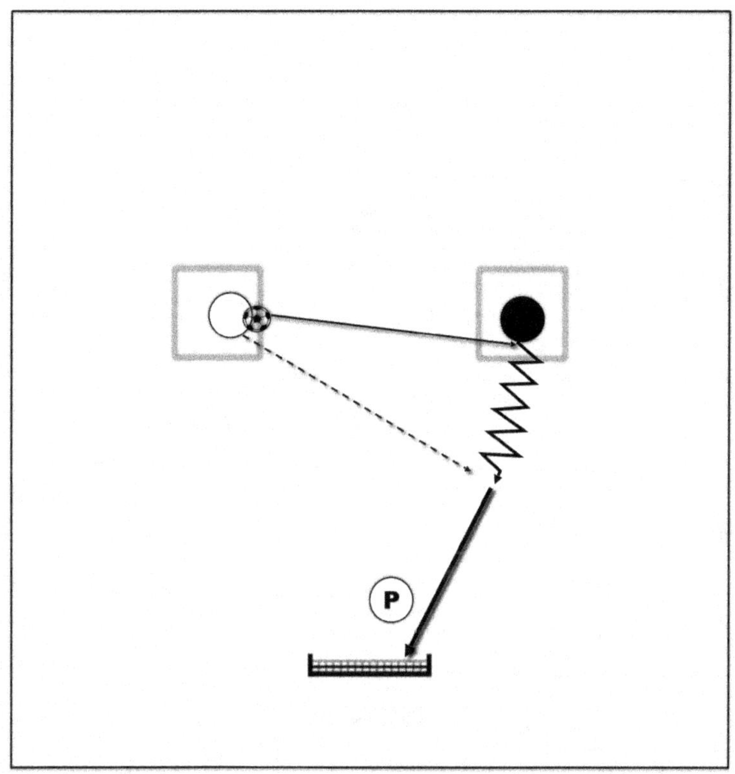

Tarea N° 24	Objetivo Principal	Mejora de la conducción
	Jugadores	4
	Explicación	

Los jugadores se pasan el balón y cuando uno decida salir de su cuadrado conduciendo para tirar a portería el otro irá a presionar para evitar que se acerque a portería.

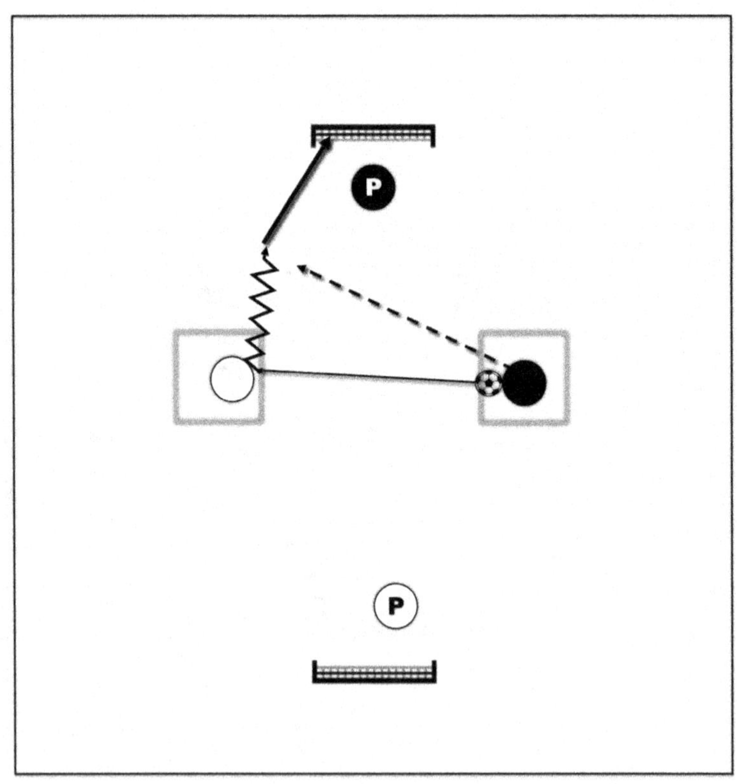

Tarea N° 25	Objetivo Principal	Mejora de la conducción.
	Jugadores	3 (1x1+P)
Explicación		

Dos jugadores se pasan el balón sin que caiga, cuando sale fuera o se cae el balón, el jugador que falló obstaculizará la conducción del otro para que no se acerque a la portería a finalizar.

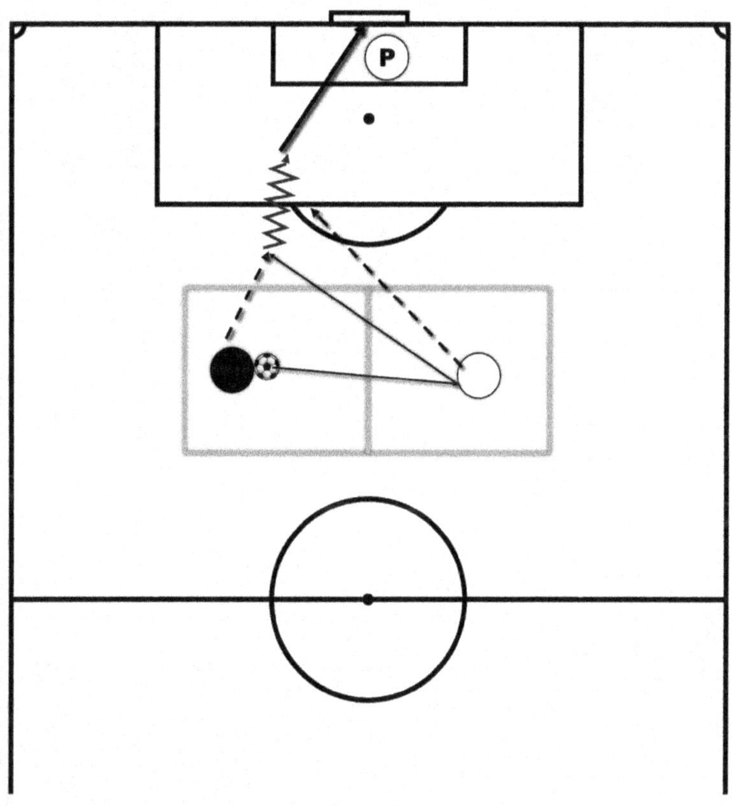

Tarea N° 26	Objetivo Principal	Mejora de la conducción
	Jugadores	18

Explicación

Un jugador del equipo blanco sale con balón y y uno del equipo negro sale sin balón. El jugador del equipo blanco intentará pasar conduciendo el balón entre los dos conos y el del equipo negro intentará que no. Cuando pase o pierda el balón saldrá conduciendo uno de otro equipo y el que pasó o perdió tiene que ir a presionarlo, cuando este pierda o pase saldrá uno de otro equipo y así sucesivamente de manera aleatoria.

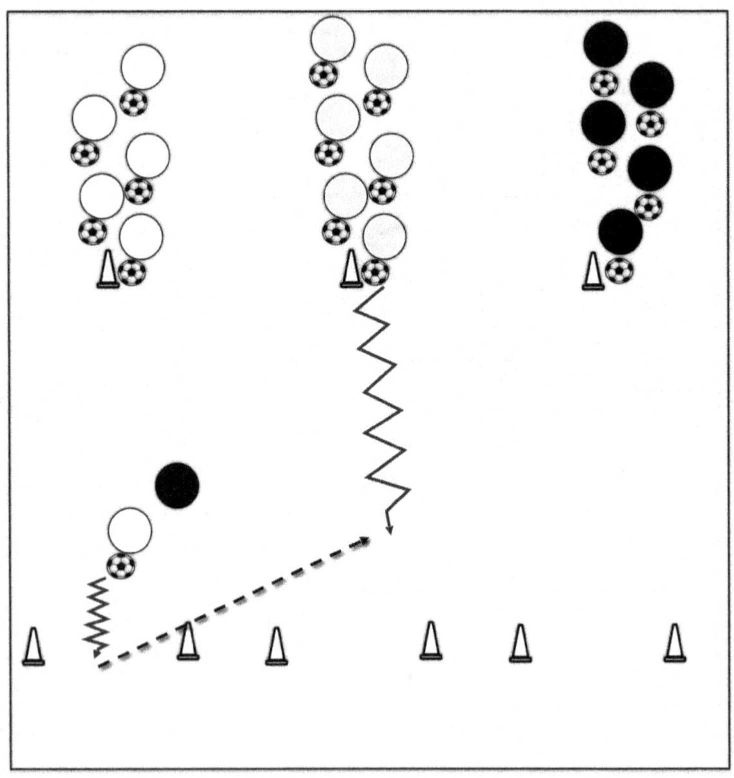

Tarea N° 27	Objetivo Principal	Mejora de la conducción
	Jugadores	18

Explicación

Un jugador del equipo blanco sale conduciendo con balón y uno del equipo negro sale sin balón para obstaculizar la conducción. El jugador del equipo blanco intentará acercarse a la portería para tirar y el del equipo negro intentará que no. Cuando tire o pierda el balón saldrá conduciendo uno de otro equipo y el que tiró o perdió tiene que ir a presionarlo, cuando este pierda o tire saldrá uno de otro equipo y así sucesivamente de manera aleatoria buscando siempre acercarse a la portería para tirar.

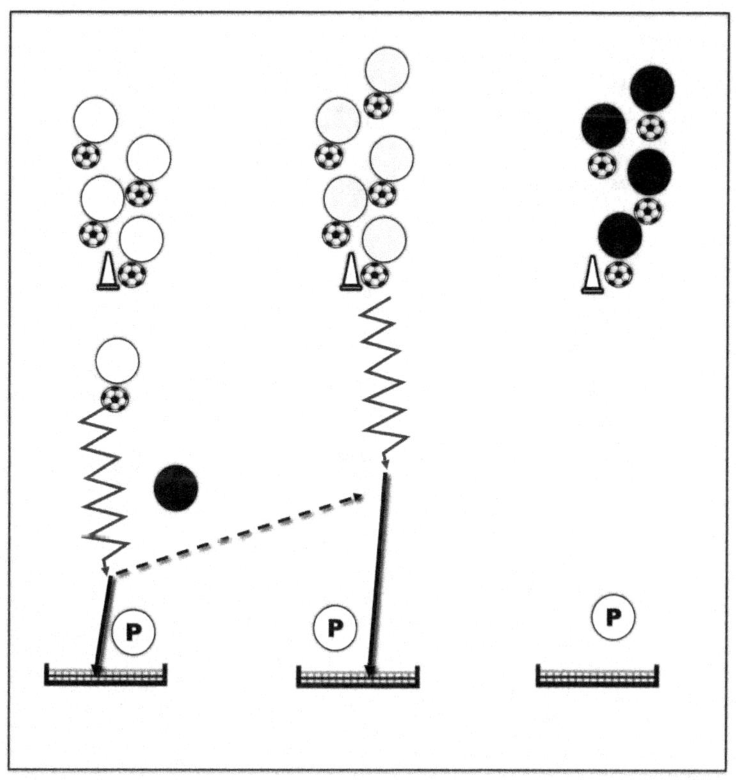

Tarea N° 28	Objetivo Principal	Mejora de la conducción
	Jugadores	2 (1xP)
Explicación		

El portero detrás de la portería, pasa el balón al jugador y se dirige a la portería por uno de los lados. El jugador que se adelanta al cono o silueta debe conducir hacia la portería para hacer gol antes que llegue el portero.

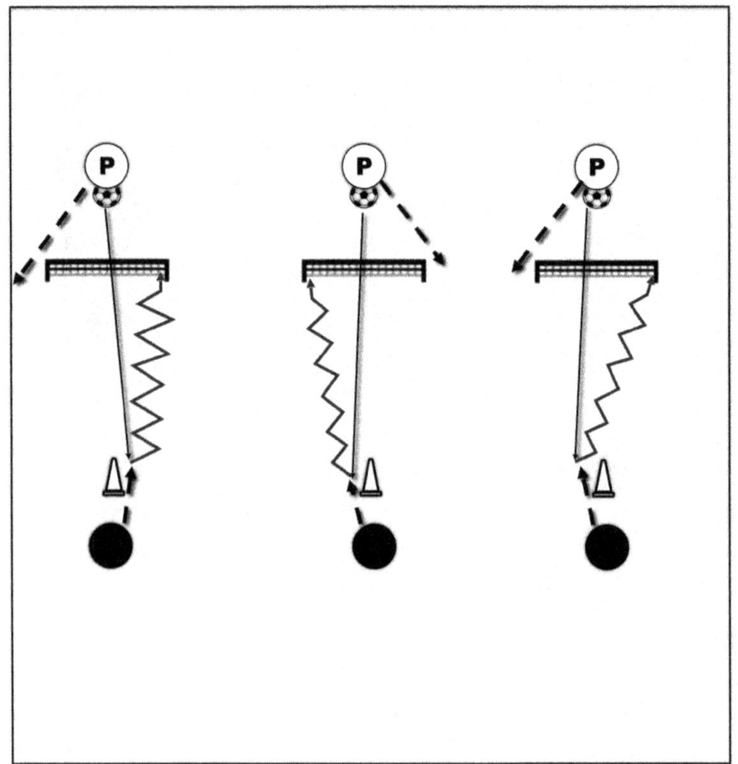

Tarea N° 29	Objetivo Principal	Mejora de la conducción
	Jugadores	3
	Explicación	

El portero pasa el balón al jugador que se adelantará al contrario (este no podrá reaccionar hasta que no lo vea) que le presionará para que no pueda conducir y acercarse a la portería para tirar.

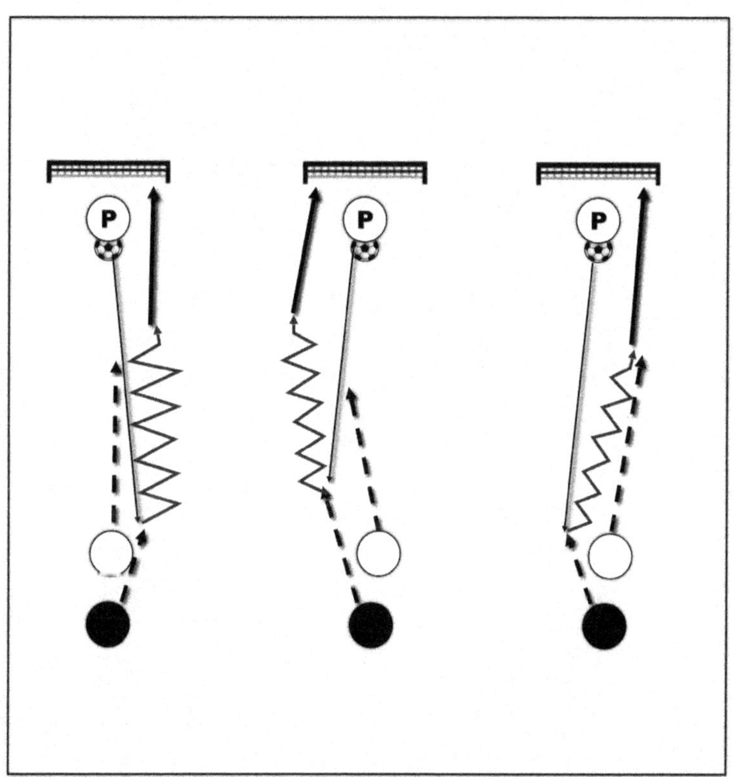

Tarea Nº 30	Objetivo Principal	Mejora de la conducción
	Jugadores	6
Explicación		

Los jugadores distribuidos cómo en la imagen. Los jugadores que defienden (blanco), podrán salir indistintamente hacia uno u otro jugador, cambiando en cada jugada sin que se sepa a cual van a presionar la conducción para evitar el tiro de los jugadores con balón. Todos parten tras la silueta o cono para salir por un lado u otro.

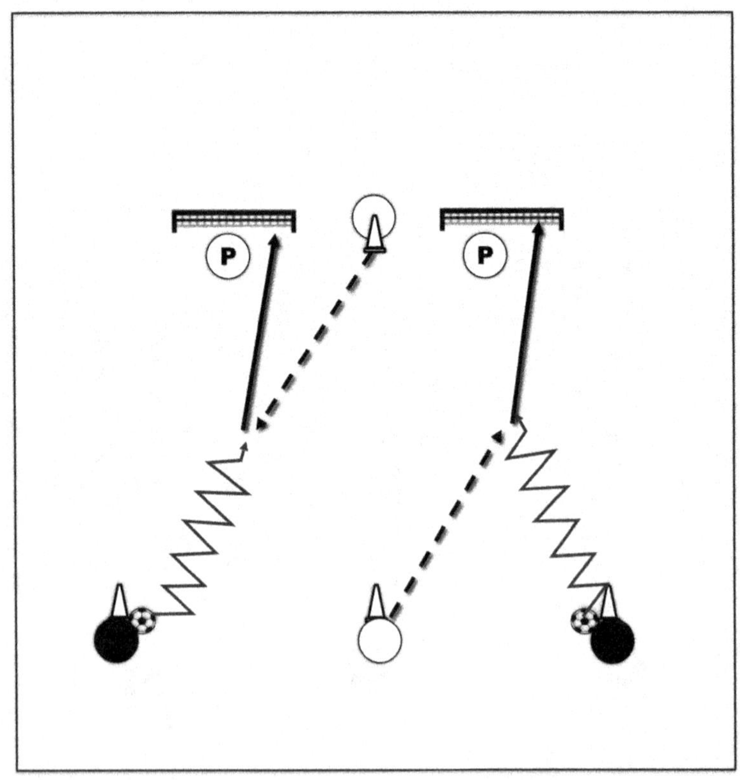

Tarea N° 31	Objetivo Principal	Mejora de la conducción
	Jugadores	10
	Explicación	

Los jugadores distribuidos como en la imagen. El jugador con balón (color negro) saldrá conduciendo para acercarse y tirar a portería. De los 4 jugadores blancos sólo participan 3 que intentarán dificultar que puedan acercarse a portería (irán alternando los que participan y a quien presionan sin que lo conozca el otro equipo).

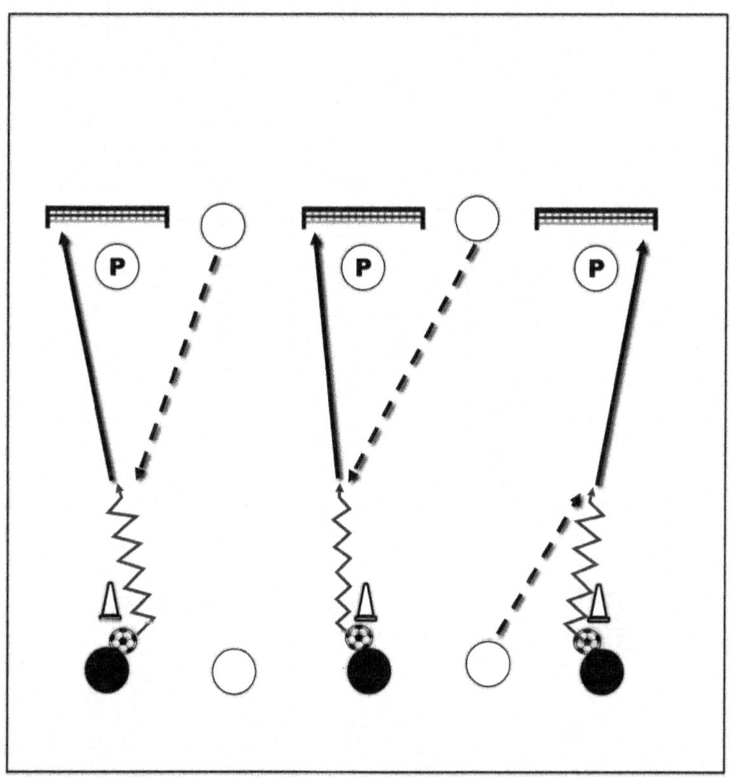

Tarea N° 32	Objetivo Principal	Mejora de la conducción
	Jugadores	5
Explicación		

Los jugadores distribuidos como en la imagen, tras los conos o siluetas y cuando les pasan el balón los porteros, salen hacia el balón para conducir y acercarse a la portería. El jugador del centro irá hacia uno u otro a disputar el balón de manera aleatoria.

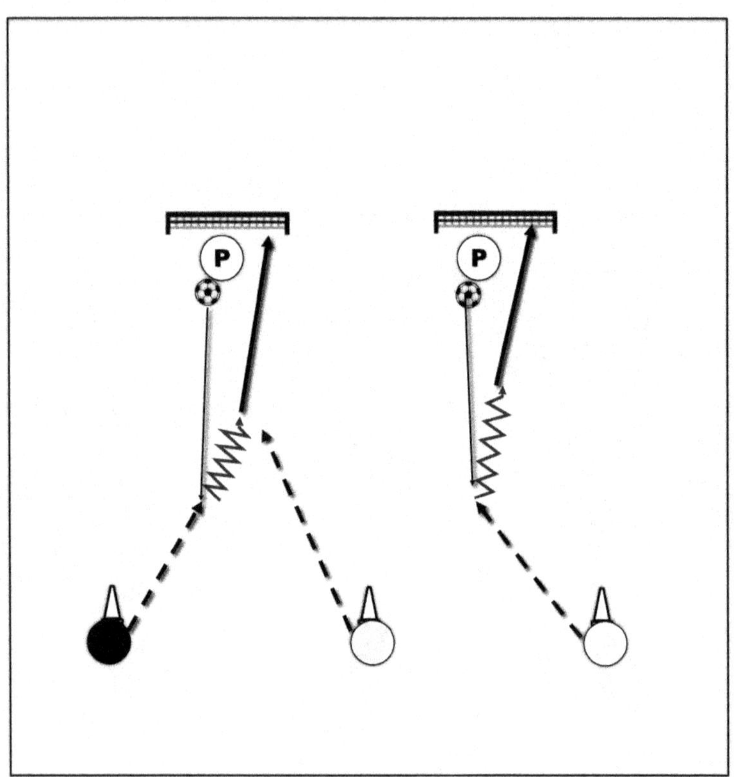

Tarea N° 33	Objetivo Principal	Mejora de la conducción
	Jugadores	5
	Explicación	

Los jugadores distribuidos como en la imagen, tras los conos o siluetas y cuando los porteros dejan el balón y retroceden a sus porterías, salen hacia el balón para conducir, acercarse a la portería y finalizar. El jugador del centro irá hacia uno u otro a disputar el balón de manera aleatoria.

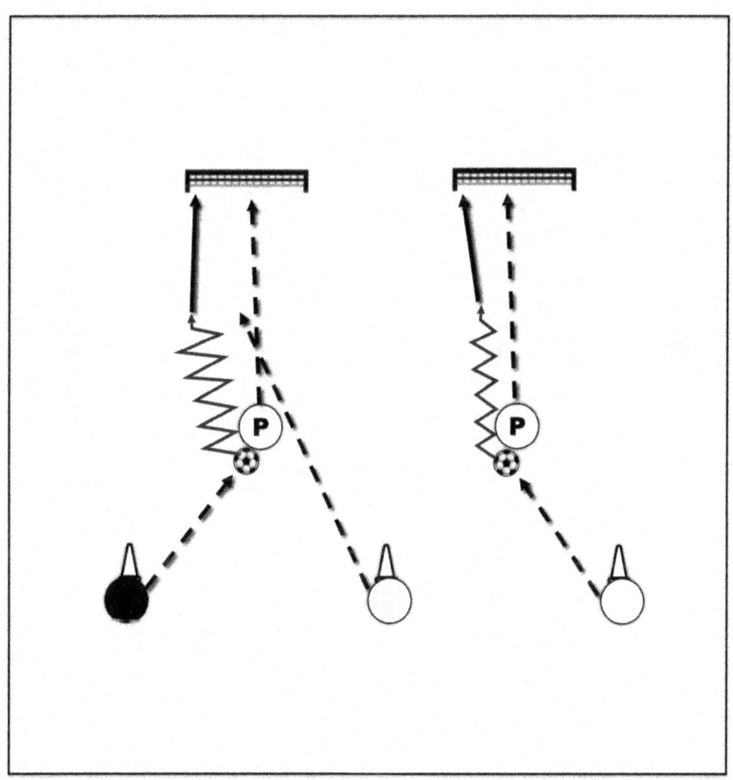

Tarea Nº 34	Objetivo Principal	Mejora de la conducción
	Jugadores	6
Explicación		

El jugador con balón (negro) comenzará a conducir hacia la portería por uno de los lados del contrario (blanco) que no podrá reaccionar hasta que no lo vea, le presionará para que no pueda conducir y acercarse a la portería junto con otro jugador más y si lo considera podrá apoyarse en el compañero del cuadrado para hacer gol. El jugador que irá a presionar irá variando en cada ocasión.

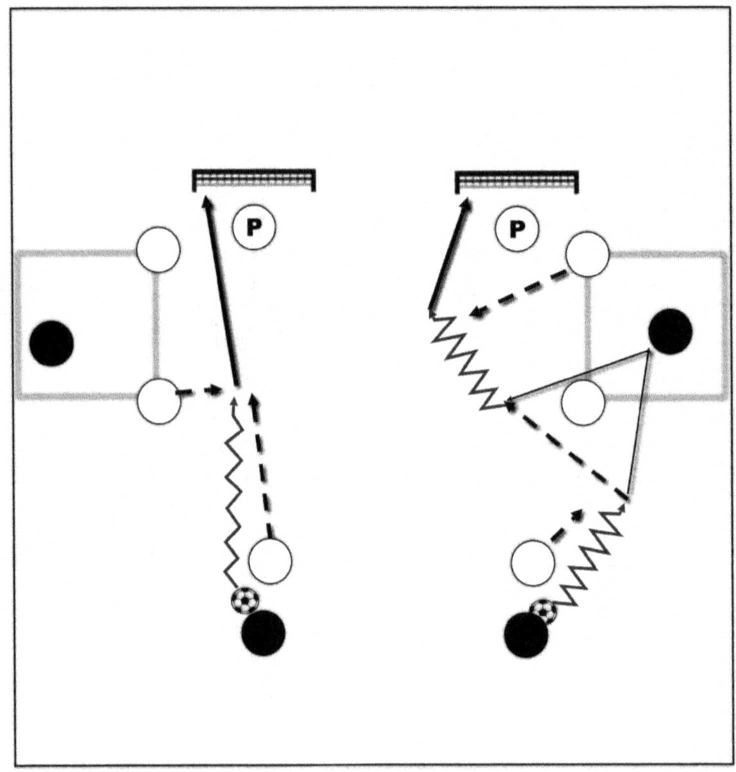

EDITORIAL WANCEULEN

Tarea N° 35	Objetivo Principal	Mejora de la conducción
	Jugadores	4
Explicación		

El jugador y los porteros distribuidos como en la imagen. Cuando el jugador recibe del portero tiene que volverse y conducir a la portería que está libre, presionado por los porteros de las otras porterías. Los porteros cambiarán y dejarán otra portería libre para volver a pasarle el balón y que se repita la acción variando la portería.

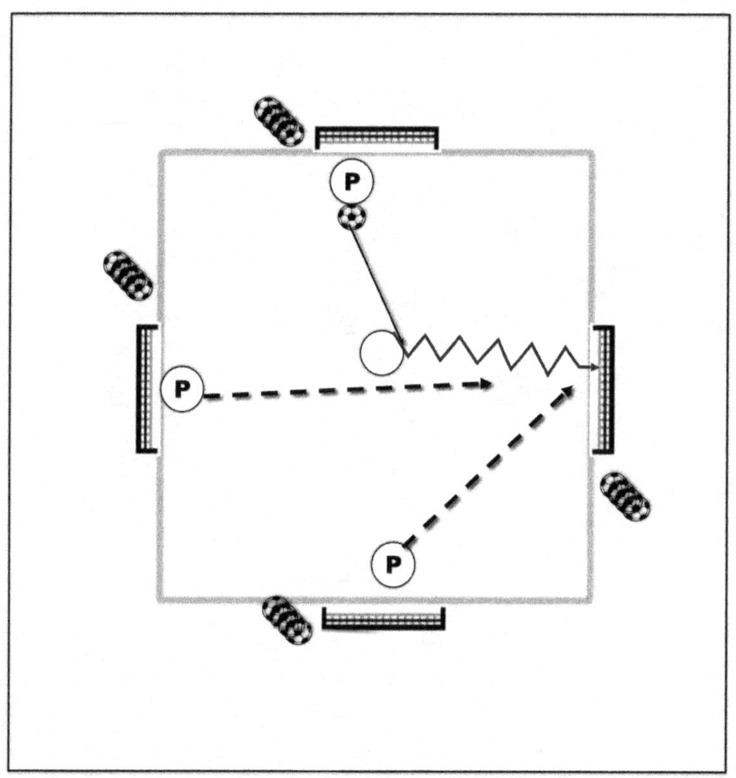

Tarea N° 36	Objetivo Principal	Mejora de la conducción
	Jugadores	5
Explicación		

El jugador y los porteros distribuidos como en la imagen. Cuando el jugador recibe del portero tiene que controlar, sacar el balón del cuadrado conduciendo y tirar a la portería desde la que no le presionaron y tiene el portero. Los porteros cambiarán en cada acción los que irán a la presión y desde el lugar que lo harán.

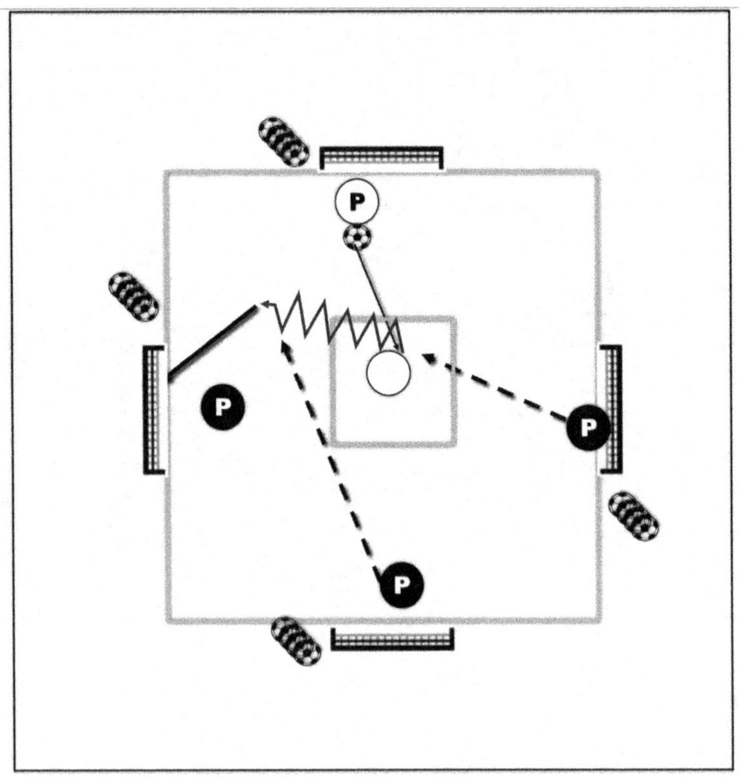

Tarea N° 37	Objetivo Principal	Mejora de la conducción
	Jugadores	7

Explicación

Los jugadores distribuidos como en la imagen. Cuando el jugador recibe del portero tiene que controlar y conducir sacando el balón del cuadrado, tirar a la portería que tiene el portero y dos jugadores irán a presionarle, sólo dentro del cuadrado para que no pueda sacar el balón conduciendo. Irán variando de portería los porteros, al igual que los jugadores que irán a presionar.

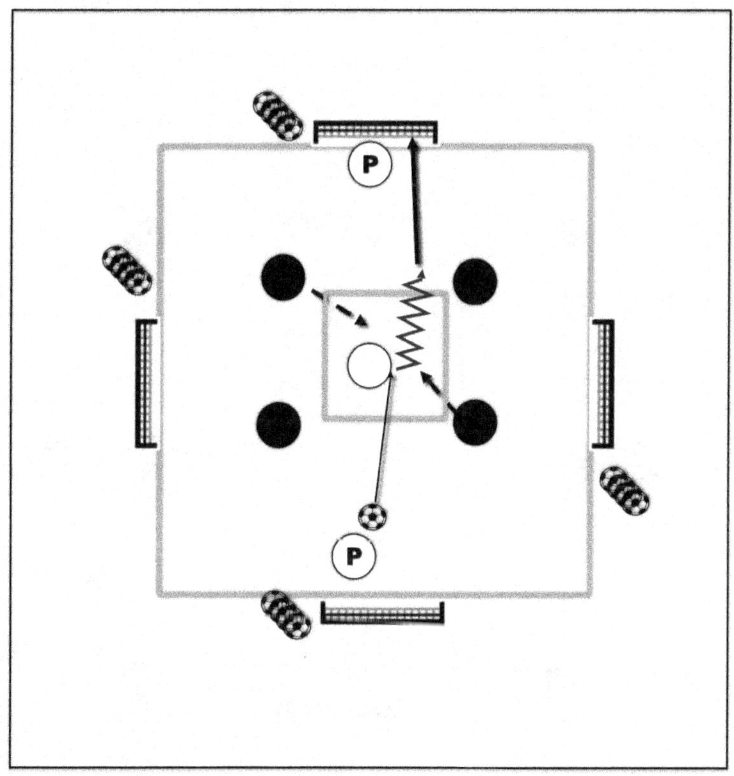

Tarea N° 38	Objetivo Principal	Mejora de la conducción
	Jugadores	9
	Explicación	

Los jugadores distribuidos como en la imagen. Tendrán que atravesar de uno en uno y de lado a lado el cuadrado conduciendo, pasando por el cuadrado del centro. El jugador sin balón intentará robar el balón a los que pasen por el cuadrado pequeño. Cuando lo haga, sacará el balón del cuadrado conduciendo para acercarse a la portería y tirar con la presión de uno de los jugadores de los vértices, que no sabrá cual será. El que perdió quedará en el cuadrado a la espera de robar a los jugadores que vayan pasando conduciendo.

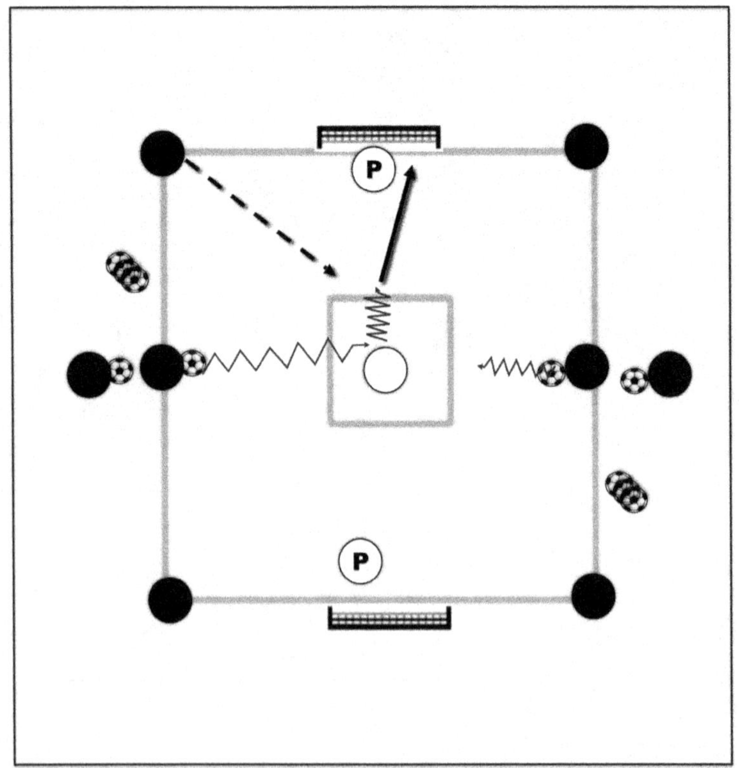

Tarea Nº 39	Objetivo Principal	Mejora de la conducción
	Jugadores	7

Explicación

Los jugadores distribuidos como en la imagen. El jugador del centro tiene el balón e intenta atraer conduciendo a dos jugadores rivales que irán a presionarle (irán alternando el lugar desde el que lo harán). Cuando vayan a la presión podrá salir conduciendo del cuadrado para buscar una buena situación de tiro.

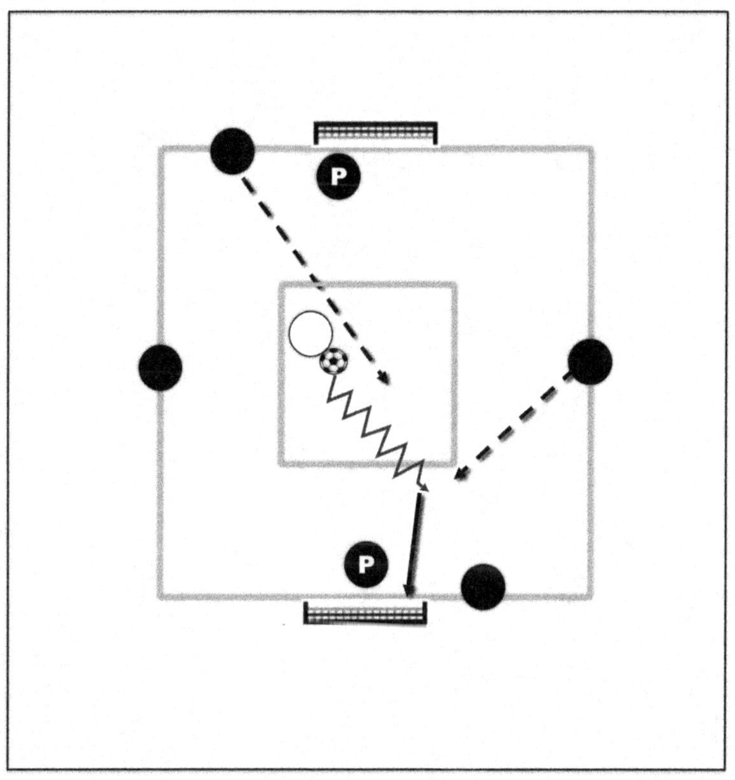

Tarea N° 40	Objetivo Principal	Mejora de la conducción
	Jugadores	9

Explicación

Los jugadores distribuidos como en la imagen. El jugador del centro tiene el balón e intenta atraer a dos jugadores rivales que irán a presionarle (irán alternando el lugar desde el que lo harán). Cuando vayan a la presión podrá salir conduciendo del cuadrado para jugar con los compañeros y buscar una buena situación de tiro.

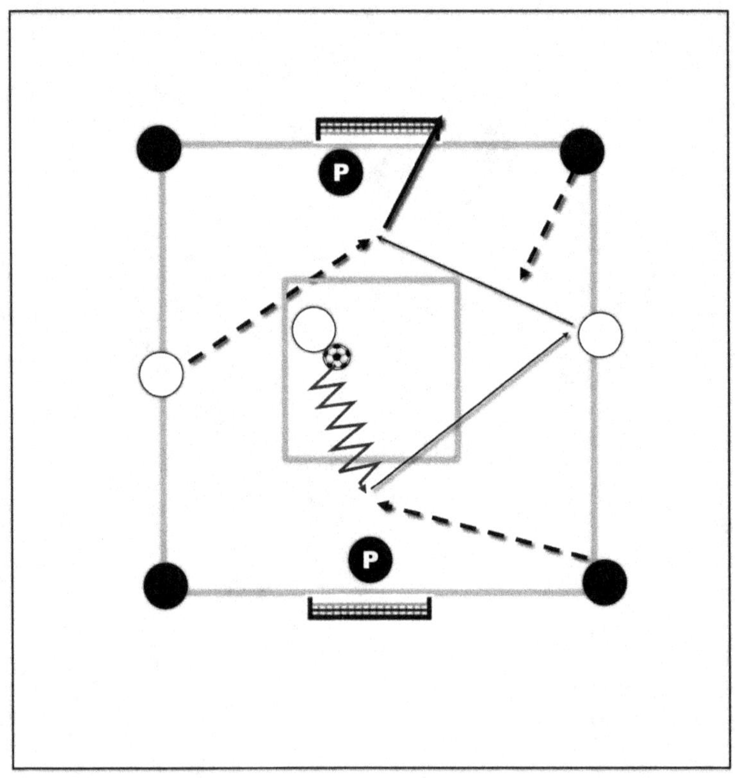

Tarea Nº 41	Objetivo Principal	Mejora de la conducción
	Jugadores	5 (P+2x1+1)
Explicación		

Los jugadores distribuidos como en la imagen. El jugador del equipo negro tendrá el balón, cuando pierde el balón presionará con el compañero que está en la línea para que el equipo blanco no pueda atacar la portería. El jugador del equipo blanco cuando recupera tendrá que sacar el balón conduciendo del cuadrado para atacar.

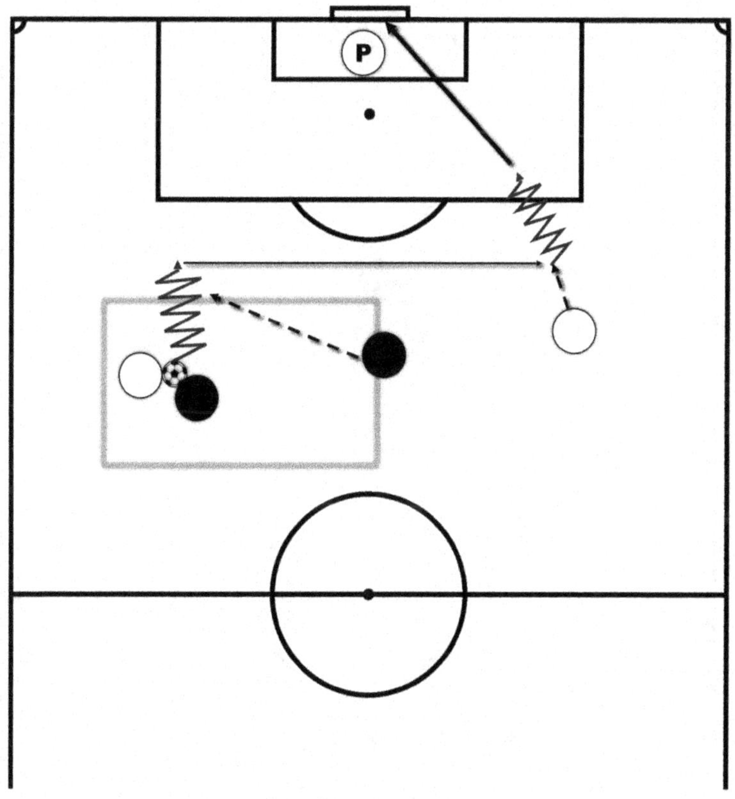

Tarea N° 42	Objetivo Principal	Mejora de la conducción
	Jugadores	7

Explicación

Los jugadores distribuidos como en la imagen. Los jugadores del equipo negro tendrán el balón, cuando recupere el jugador del equipo blanco pasará a uno de los jugadores que están sobre las líneas y conducirá hacia la portería con la presión de los jugadores del equipo negro que intentarán impedir que se acerque a portería para tirar.

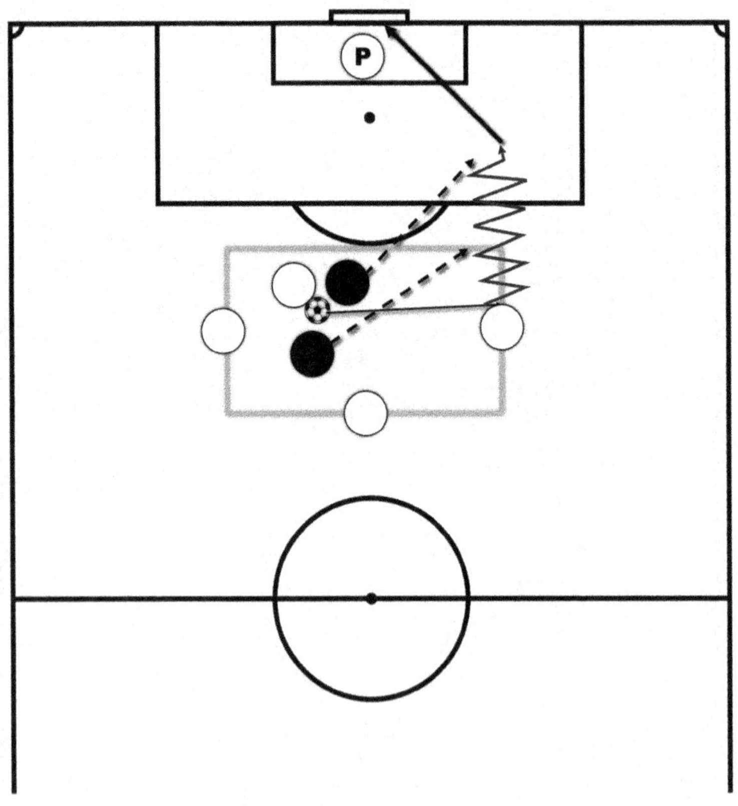

Tarea N° 43	Objetivo Principal	Mejora de la conducción
	Jugadores	13 (3x3+3+3+P)
Explicación		

Con el campo distribuido como en la imagen y los jugadores del equipo negro sobre las líneas. El equipo blanco irá atravesando líneas de una en una conduciendo. Los jugadores sobre las líneas solo podrán obstaculizar la conducción para que no avance el otro equipo. Cada vez que pasen una línea saldrán los rivales sobrepasados, menos en la última que podrán presionar para que no finalicen.

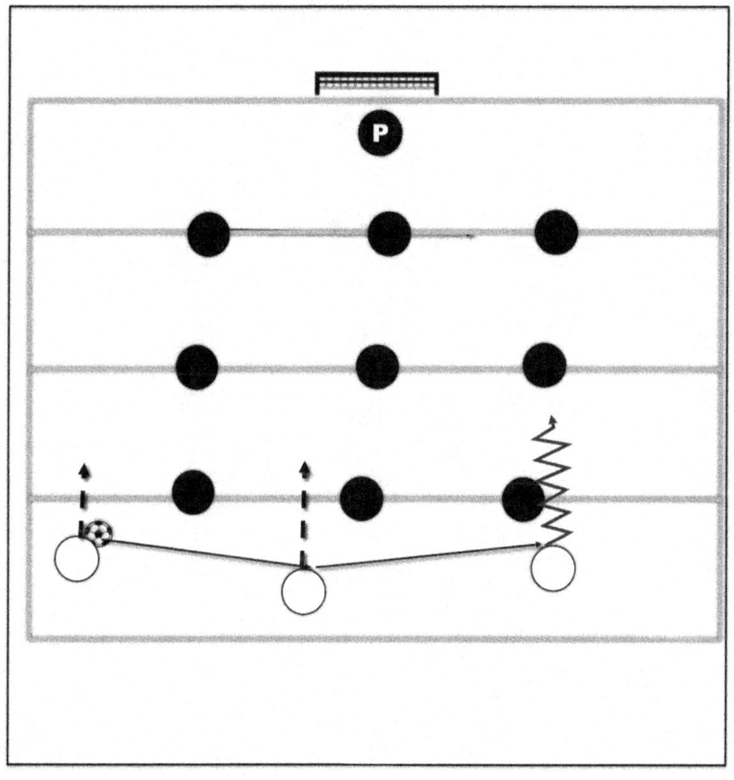

Tarea Nº 44	Objetivo Principal	Mejora de la conducción
	Jugadores	14 (4x3+3+3+P)

Explicación
Con el campo distribuido como en la imagen y los jugadores del equipo negro sobre las líneas. El equipo blanco irá atravesando líneas de una en una conduciendo. Los jugadores sobre las líneas solo podrán obstaculizar la conducción e interceptar pases para que no avance el otro equipo. Cada vez que pasen una línea saldrán los rivales sobrepasados, menos en la última que podrán presionar para que no finalicen.

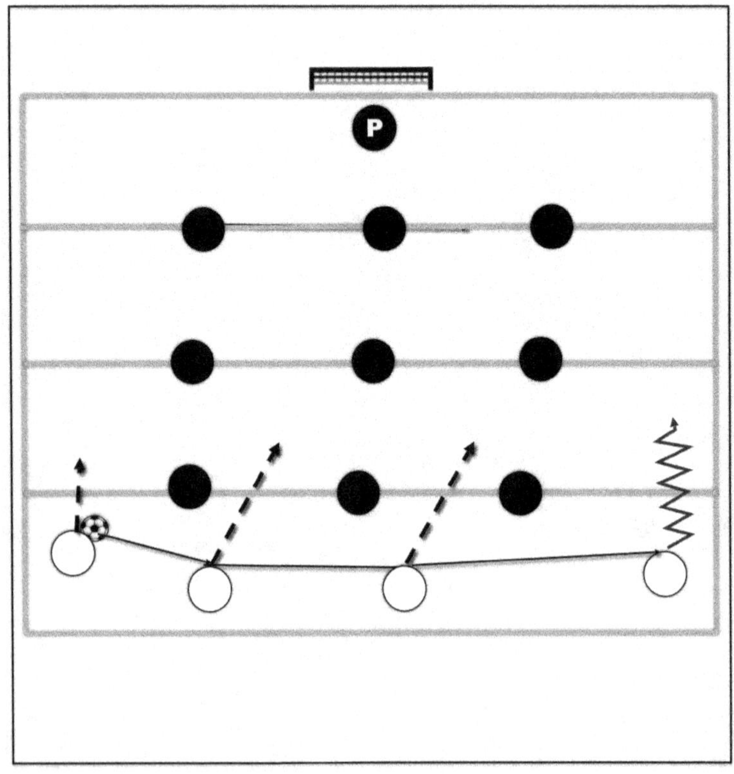

Tarea N° 45	Objetivo Principal	Mejora de la conducción
	Jugadores	12 (6x5+P)
	Explicación	

Los jugadores se distribuyen como en la imagen. El equipo negro intentará atravesar conduciendo la línea defensiva mas el jugador por delante del equipo blanco, con amplitud y un jugador entre la línea para obtener profundidad en ataque. Una vez que superen la línea intentarán hacer gol presionados por los jugadores sobrepasados de la línea.

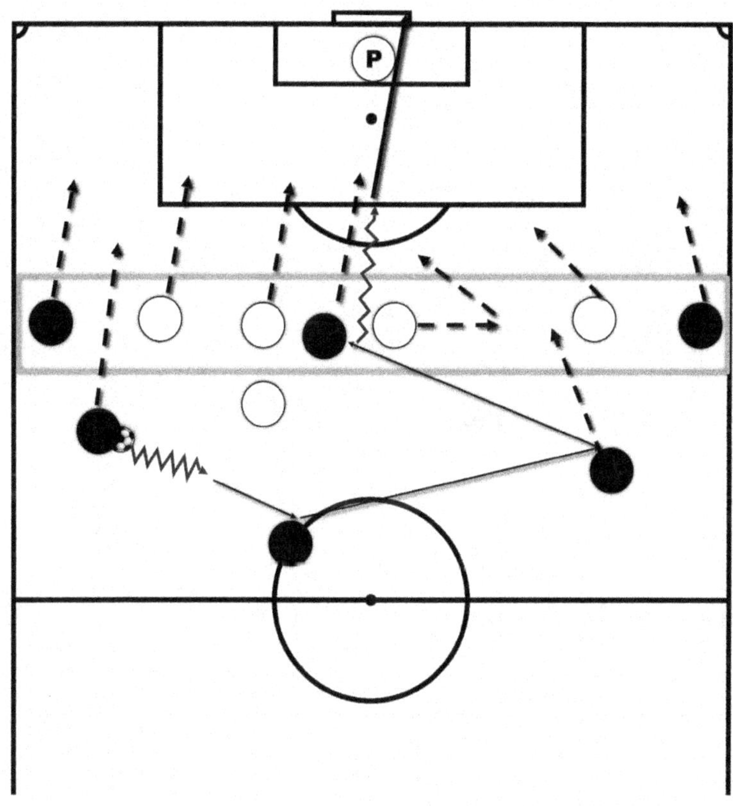

Tarea N° 46	Objetivo Principal	Mejora de la conducción
	Jugadores	19
Explicación		

En un rectángulo dividido en 6 partes iguales distribuidos los jugadores como en la imagen. El equipo blanco tendrá que ir avanzando hacia la portería pudiendo moverse los jugadores con balón a la siguiente zona conduciendo.

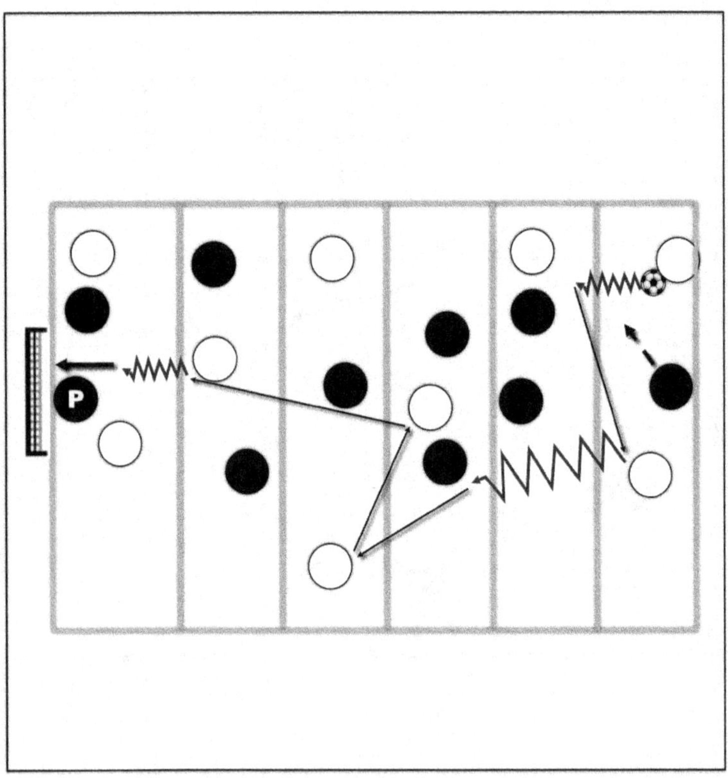

Tarea N° 47	Objetivo Principal	Mejora de la conducción
	Jugadores	11 (5x5+P)
Explicación		

En un rectángulo dividido en dos cuadrados, los jugadores se colocan en la disposición de la imagen (cinco contra cinco en la mitad que no tiene portería). Los equipos intentarán pasar conduciendo a la otra mitad para tirar a portería. Si un jugador pasa conduciendo podrán entrar los jugadores del equipo contrario para obstaculizar la conducción y que no pueda finalizar.

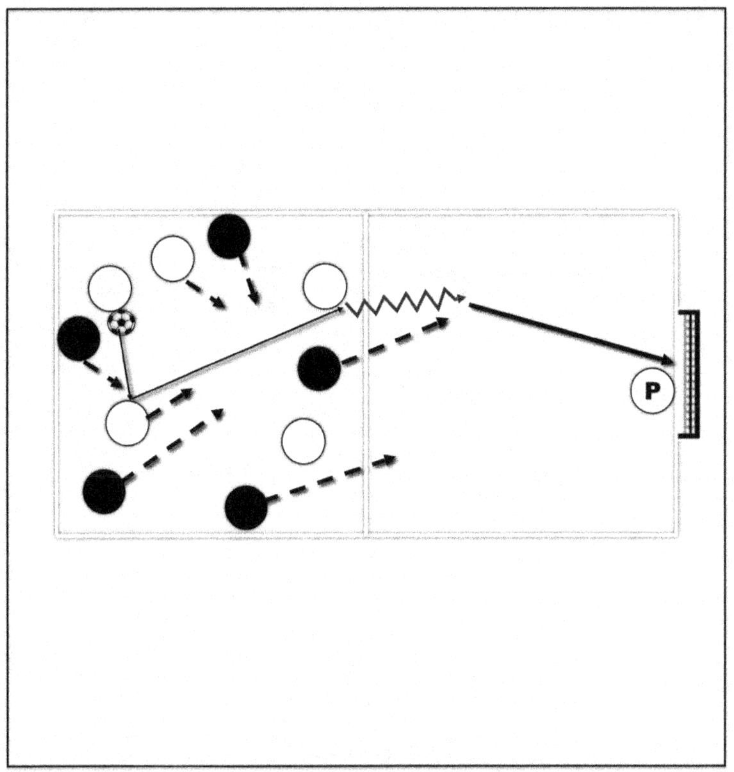

Tarea N° 48	Objetivo Principal	Mejora de la conducción
	Jugadores	14
Explicación		

En un rectángulo dividido en 8 partes iguales distribuidos los jugadores como en la imagen. Los equipos intentarán mover a la línea contraria para poder encontrar una buena opción de superarla conduciendo y tirar a portería si se logra salir conduciendo del rectángulo. Si recibe el jugador adelantado, podrán ir los defensores a presionar la conducción.

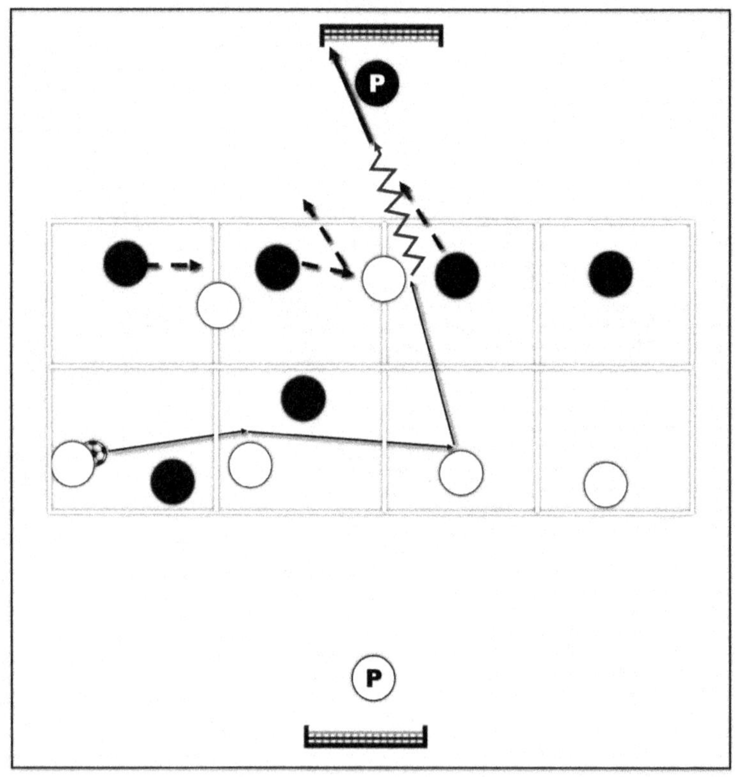

Tarea N° 49	Objetivo Principal	Mejora de la conducción
	Jugadores	8
Explicación		

Los jugadores distribuidos como en la imagen. Los jugadores en situación de dos contra dos del centro intentarán atravesar conduciendo el pasillo defendido por un rival para poder finalizar los ataques.

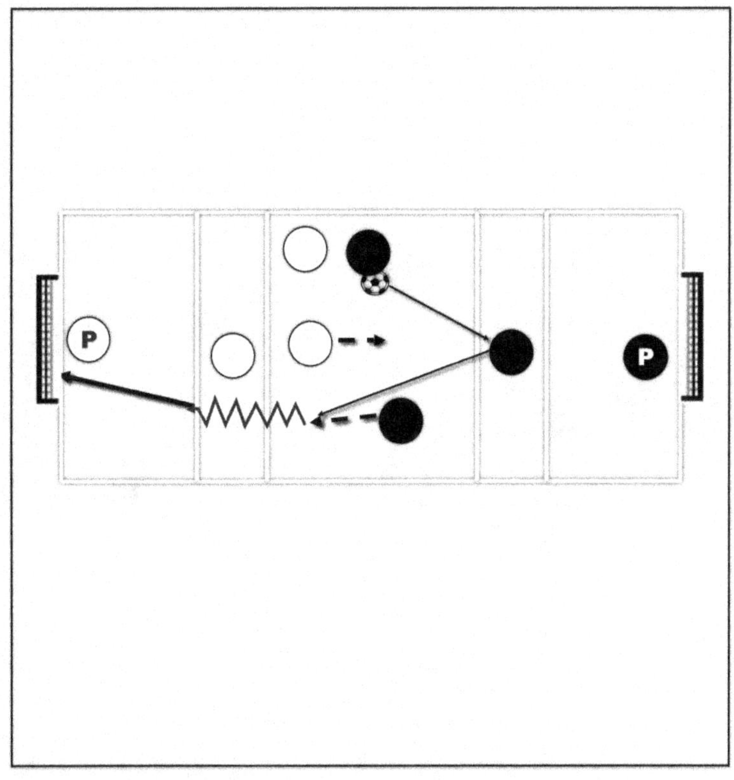

Tarea N° 50	Objetivo Principal	Mejora de la conducción
	Jugadores	14
Explicación		

En un rectángulo dividido en tres campos iguales y los jugadores distribuidos como en la imagen. Solo podrán cambiar de campo conduciendo el balón para provocar superioridad numérica, atraer contrarios, liberar compañeros y pasarles el balón cuando queden libres.

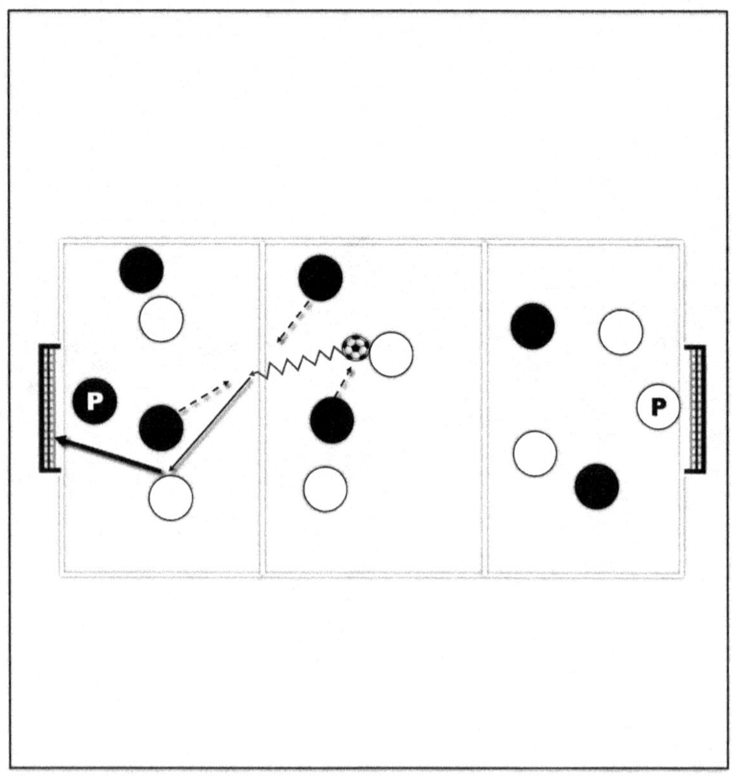

BIBLIOGRAFÍA

- Alarcón, F.; Cárdenas, D.; Clemente, V.; Collado, J. A. (Coord.); Guillén, J. C.; Jiménez, M.; Lázaro J.; Mercadé, O.; Ardoy, D. N.; Rivilla, I. y Sánchez, M. (2018): *Neurociencia, deporte y educación.* Editorial Wanceulen.

- Ballarini, F. (2016): *REC: Porqué recordamos lo que recordamos y olvidamos lo que olvidamos.* Editorial Debate.

- Bangsbo, J. y Peitersen, B. (2002): *Fútbol: Jugar en defensa.* Editorial Paidotribo. Barcelona.

- Bargh, J. (2018): *¿Por qué hacemos lo que hacemos?: el poder del inconsciente.* Editorial Ediciones B.

- *Caballero, M. (2017): Neuroeducación de profesores y para profesores: De profesor a maestro de cabecera.* Editorial Ediciones Pirámide.

- Caneda, R. (1999): *La zona en Fútbol.* Editorial Wanceulen. Sevilla.

- Cano Moreno, Oscar (2010): *Fútbol: Entrenamiento global basado en la interpretación del juego.* Editorial Wanceulen.

- Castellano, J y Casamichana, D. (2016): *El arte de planificar en fútbol.* Editorial Fútbol de Libro.

- Castellano, Julen; Casamichana, David y San Román, Jaime (2015): *Los juegos reducidos en el entrenamiento del fútbol.* Editorial Futbol de libro.

- Castelo, J. (1999): *Futbol. Estructura y dinámica del juego.* Editorial INDE. Barcelona.

- Couto, A. (2015): *Las grandes escuelas del Fútbol Moderno.* Editorial Fútbol de libro.

- Crespo García, Manuel J. (2020): *Neurociencia aplicada al fútbol. Propuesta práctica.* Editorial Wanceulen.

- Espar, Xesco (2010): *Jugar con el corazón: La excelencia no es suficiente.* Plataforma Editorial.

- Fradua, Luis (1997): *La visión periférica del futbolista.* Editorial Paidotribo.

- García Ocaña, Francisco (2008): *Fútbol y Fútbol sala: 250 actividades sociomotrices.* Editorial Paidotribo. Barcelona.

- Garganta, J. y Pinto, J. en Graça, A. y Oliveira, J. (1997): *La enseñanza de los juegos Deportivos.* Editorial Paidotribo.

- González, Alberto (2013): *Fútbol. Dinámica del juego desde la perspectiva de las transiciones.* Editorial Learning 11.

- Jackson, Phil (2014): *Once anillos.* Editorial Roca.

- Jozami, Silvina (2019): *Potenciando tu mente deportiva. Neurociencia simple para transforma el rendimiento deportivo.* Editorial Caligrama.

- López López, Javier (2008): *Fútbol: Alevines: 120 fichas de sesiones de entrenamiento.* Editorial Wanceulen. Sevilla.

- López López, Javier (2008): *Fútbol: Cadetes: 160 fichas de sesiones de entrenamiento.* Editorial Wanceulen. Sevilla.

- López López, Javier (2009): *400 tareas integradas para el entrenamiento de la táctica ofensiva.* Editorial Wanceulen.

- López López, Javier (2009): *500 juegos para el entrenamiento físico con balón.* Editorial Wanceulen.

- López López, Javier (2009): *Fundamentos tácticos defensivos.* Editorial Wanceulen.

- López López, Javier (2009): Fútbol: *1380 Juegos globales para el aprendizaje y perfeccionamiento de la técnica ofensiva y defensiva.* Editorial Wanceulen. Sevilla.

- López López, Javier (2009): *Fútbol: Prebenjamines: 80 fichas de sesiones de entrenamiento.* Editorial Wanceulen. Sevilla.

- López López, Javier (2011): *Fútbol y Fútbol Sala: 96 juegos para el entrenamiento integrado de la Táctica Ofensiva.* Editorial Wanceulen.

- López López, Javier (2011): *Fútbol y Fútbol Sala: 96 juegos para el entrenamiento integrado de la Táctica Defensiva.* Editorial Wanceulen.

- López López, Javier (2013): *Fútbol: Benjamines: 80 fichas de sesiones de entrenamiento.* Editorial Wanceulen. Sevilla.

- López López, Javier (2013): *Fútbol: Infantiles: 120 fichas de sesiones de entrenamiento.* Editorial Wanceulen. Sevilla.

- López López, Javier (2013): *Fútbol: Juveniles: 160 fichas de sesiones de entrenamiento*. Editorial Wanceulen. Sevilla.

- López López, Javier (2013): *Fútbol: Senior (2013): 175 fichas de sesiones de entrenamiento*. Editorial Wanceulen. Sevilla.

- López López, Javier; Wanceulen Moreno, Antonio; Wanceulen Moreno, José F. y Bernal Ruiz, Javier (2009): *225 juegos para el entrenamiento integrado del pase en el fútbol*. Editorial Wanceulen.

- Marí, Pep (2011*): Aprender de los campeones*. Plataforma Editorial.

- Marí, Pep (2019): *Equipos campeones: Como convertir un buen equipo en uno mucho mejor*. Editorial Plataforma Impresa.

- Mayer, R. (1996): *Fichas de fútbol. 120 juegos de ataque y defensa*. Hispano Europea. Barcelona.

- Mora, F. (2014): *¿Cómo funciona el cerebro?* Alianza editorial.

- Mora, F. (2017): *Neuroeducación: sólo se puede aprender de aquello que se ama*. Alianza editorial.

- Navarro Valdivieso, F.; González Ravé, J. M. y Pablos Abella, C. (2014): *Entrenamiento Deportivo. Teoría y Práctica*. Editorial Médica Panamericana.

- Pérez, Marcial (2019): *Mente Deportiva: Entrenar el cerebro para extender los límites del rendimiento*. Autoría Editorial.

- Revuelta Candón, Amalia (2016): *El cerebro decide*. Editorial Fútbol Táctico.

- Seirul´lo, F. (1999): *Criterios modernos del entrenamiento en el fútbol*. Revista Training Fútbol. Valladolid.

- Tamorri, Stéfano (2004): *Neurociencias y deporte. Psicología deportiva. Procesos mentales del atleta*. Editorial Paidotribo.